C·H·Beck
PAPERBACK

W0288083

Susan Arndt

Ich bin ostdeutsch und gegen die AfD

Eine Intervention

C.H.Beck

www.chbeck.de
Umschlaggestaltung: Kunst oder Reklame, München
Satz: C.H.Beck.Media.Solutions, Nördlingen
Druck und Bindung: Pustet, Regensburg
Printed in Germany
ISBN 978 3 406 81587 4

myclimate

verantwortungsbewusst produziert
www.chbeck.de/nachhaltig

Inhalt

1. Einleitung

Von Mauern und Horizonten: Über dieses Buch 7

Mit der AfD am Küchentisch: Gespräch mit Udo und Beate 13

2. Leben als Ostdeutschlands Andere Deutsche – vor und nach 1989

Überlegenheitsnarrative in West und Ost 20

Aufwachsen in der DDR 31

In den Westen reisen – ohne anzukommen 49

Revolution! 57

Transformationsjahre sind keine Herrenjahre 70

Der Westen als Gravitationsmagnet und Erfinder des Ostens 77

Was also meint «ostdeutsch»? 82

3. Wie ich lernte, Diskriminierung zu sehen

Wie afrikanischer Feminismus mich sensibilisierte 88

Wie ich in London meinem Rassismus begegnete 95

Wie ich an der Berliner Humboldt-Universität Rassismuskritik begegnete 99

Was nun ist Rassismus? 107

Wissenschaft als politische Akteurin 113

4. Im Wahlkampf gegen die AfD

Von der Leitkultur zur Identitätskrise 121

Wer AfD wählt, wählt Rassismus und Sexismus 125

Kann die AfD unsere Demokratie unterwandern? 133
Lügen: Populistische Alternative für Deutschland 138
Die AfD ist keine ostdeutsche Partei 141
Was macht die «Mitte der Gesellschaft» gegen ihren Rechtsruck? 153

5. Schluss damit ...

... und mehr Diskriminierungssensibilität wagen 163
Statt eines Nachworts: Ohne die AfD am Küchentisch, aber mit der Box, die noch mal ganz neu befüllt werden kann .. 167

1. Einleitung

Von Mauern und Horizonten: Über dieses Buch

Als Kind glaubte ich meinen Eltern alles. Sie erzählten mir, dass die Erde von einer Hautschicht umgeben sei, die wie ein Trommelfell wirke. Sie schütze uns davor, vom All gefressen zu werden. Deswegen schalle sie, die Schallmauer, wie grollender Donner, wenn ein Flugzeug durch sie hindurchfliege. Sie erzählten mir auch, dass die DDR von einer Betonmauer umzogen sei, die wie ein Wall gegen den Faschismus wirke. Sie schütze uns davor, uns zu verlaufen. Deswegen komme aus der Mauer, die antifaschistischer Schutzwall heiße, Gewehrfeuer, wenn ein Mensch über sie hinweg wolle. Das mit der Schallmauer hatten sie selbst falsch gelernt und deswegen so verwirrend an mich weitergegeben; das mit der Mauer wussten sie besser und brachten es mir doch mit Absicht falsch bei. Als ängstliche opportunistische Menschen glaubten sie, mich so am besten für ein Leben in der Diktatur wappnen zu können. Als ich älter wurde, weihten sie mich in die Rezeptur ihres Lebensmodus ein: So tun, als ob, und hinter verschlossener Tür sein, wer du bist. Dort sangen wir manchmal zusammen sogar das Lied «Die Gedanken sind frei … / Kein Mensch kann sie wissen/ Kein Jäger erschießen». Doch wer hinter verschlossenen Mauern lebt und die Freiheit nur heimlich besingt, kann am Ende eben doch weder frei denken noch leben. Wenn kein anderer Mensch diese Gedanken kennt, dann bleiben sie eingemauert, und nichts ändert sich.

Als die ostdeutsche Revolution 1989 dann doch auf statt vor der Mauer tanzte, hatte ich die wichtigste Lektion meines Lebens gelernt. Nie wieder werde ich glauben, dass es sich hinter verschlossenen Türen gut leben oder hinter vorgehaltener Hand gut sprechen lässt. Nie wieder werde ich glauben, dass sich etwas nicht ändern lässt, nur weil es gerade so ist. Die ostdeutsche Revolution von 1989 hat mich für immer politisiert. Sie rief mir zu: Wenn du etwas ändern willst, dann musst du das tun. Wenn du Berge versetzen willst, dann lauf los. Schau dir nicht den ganzen Koloss an, gehe einfach den ersten Schritt. Und dann den nächsten. Und den nächsten. Horizonte sind zum Loslaufen da. Auch wenn du ihn nicht erreichst, weil es hinter ihm immer weiter geht, wird der Weg zum Ziel. Horizonte nähren Träume, und sie leben davon, dass sie geträumt werden.

Wovon ich, politisiert durch die Freiheitsrevolution, träume? Von Menschen, die einander beschützend begegnen statt einander weh zu tun. Im Großen wie im Kleinen. Investieren milliardenschwere Traumfabriken nicht in Filme, die Gewalt betrauern und Liebe besingen? Doch warum fühlen sich genau diese Menschen, die Milliarden von Dollar für diese Traumfabrik ausgeben, dann doch viel zu oft wohl dabei, andere Menschen zu verletzen oder auszubeuten? Wir können Teleskope bauen, um uns entfernte Galaxien anzuschauen, und doch können wir das uns Naheliegendste nicht sehen: Wer nur auf seine eigenen Füße blickt, kann nicht siegen. «Wer möchte nicht in Frieden leben, die Sonne und den Mond besehen?» Dieses Kinderlied liebte ich am meisten. Es hatte in der DDR meine Träume gefüttert; und das tut es auch jetzt.

1989 waren meine Träume voller Chagall. Ich lief nicht nur, ich flog, getragen von meinen neuen Möglichkeiten und Eva Strittmatters «Chagall»: «Alles kann man, was man will, und man kann die Welt besiegen… Man bemalt sich einen Schimmel mit zwei Rosen. Und hinauf springt man in den grünen Himmel. Und der Himmel ist schon auf.» Es fühlte sich nach «machen können» an. Klang aber leichter als gedacht. Zwar geschieht nichts, was nicht gemacht wurde. Und was wir uns ersehnen, prägt, was geschehen kann. Und wofür wir uns einsetzen, macht aus, wer wir sein können. Doch das war ebenso wahr wie trügerisch. Denn zwar suchen wir uns unsere Lieder selbst. Doch am Ende singt die Macht im Kanon am lautesten.

Ostdeutsche Stimmen hatten die Revolution von 1989 in die Welt getragen, doch schnell wurden sie umgestimmt, überstimmt, verstimmt. Die 1990er Jahre klangen nach Aufbruch, bis sie sich in Resignation verloren. Am Anfang war Euphorie, Freiheit und ganz viel WOW. Dann kam Enttäuschung dazu. Diese nährte Frust und liebte Wut, obwohl der Wut beste Freundin noch immer die Traurigkeit ist. Ich glaube, Ostdeutschland fühlte das alles auf einmal, während alle auseinander strömten. Manche kamen bei sich an. Andere verloren sich an sich selbst oder an das, was sie nicht finden konnten. Ich beobachtete mich von der Überholspur aus, um den Schmerz aushalten zu können, der mich überrannte, als ich verstand: Nicht nur der Drang nach Freiheit ist es, der Menschen im Innersten zusammenhält – sondern auch die Gleichgültigkeit gegenüber allem, das in ihrer kleinen Welt keinen Wert hat. Viele wollten, dass es ihnen besser geht, und verirrten sich im Glauben daran, dass es helfen wird, anderen weniger zu gönnen.

Am leichtesten ist es immer noch, denen alles wegzunehmen, die ohnehin schon wenig haben. So macht das auch die AfD. Doch ohne die Wahlstimmen derer, die sie betrügt, ist sie ein Nichts. Deswegen schürt sie, Vampiren gleich, den Schmerz, aus dem sie sich zu nähren weiß. So liegt sie da, auf der Lauer: «Auf der Mauer, auf der Lauer liegt ne kleine Wanze.» Auch dieses Kinderlied sang ich mit meinen Eltern. Mir gefiel, wie die Wanze, vor der ich mich ekelte, Buchstabe für Buchstabe verschwand. «Auf der Mauer, auf der Lauer liegt ne kleine Wanz… Auf der Mauer, auf der Lauer liegt ne kleine Wan…» Und schließlich: «Auf der Mauer, auf der Lauer liegt ne kleine …» Vorbei. So stelle ich mir das auch mit der AfD vor. Denn sonst macht die AfD umgekehrt sämtliche emanzipativen Errungenschaften der letzten Dekaden zunichte. Die Visionen der AfD stellen Frauen an den Herd, unterwerfen Geschlechterdiversität Normierungstherapien, vertreiben Schwarze, muslimische und jüdische Menschen, beenden die Asylgesetzgebung, grenzen behinderte Menschen aus und eskalieren die Armut. Das allein macht mir schon Angst. Beängstigender aber noch finde ich, dass sich die AfD darauf versteht, populistische Nebelkerzen so zu werfen, dass viel zu viele dennoch keine Angst vor ihr haben. Nicht mal jene, die selbst Nachteile haben würden. Nichts steht dafür so symptomatisch, wie dass die AfD auch bei Frauen gut ankommt. Bei den Landtagswahlen in Hessen im September 2023 erreichte die AfD insgesamt 18 Prozent – bei Frauen nicht ganz so viel, aber immerhin noch ganze 14 Prozent. Geringverdienende und Bürgergeldempfangene glauben, dass die AfD ihre Interessen vertreten würde. Doch selbst wenn gar keine Geflüchteten mehr Asyl finden würden, ginge es ihnen nicht besser – sondern im AfD-Neoliberalismus nur noch schlechter.

Angst kann furchterregend sein und eine Schreckstarre verursachen. Meine Angst aber schreckt mich auf. Sie treibt mich an. Nicht verstecken werde ich mich, sondern mich der AfD sichtbar in den Weg stellen. Nicht wegschauen werde ich, sondern hinschauen. Nicht schweigen werde ich, sondern sprechen – notfalls auch schreien.

Ich lasse mich von der AfD weder einschüchtern noch meine Revolution von 1989 wegnehmen. Weder meine Freiheit noch meine Träume von einer gerechten Welt, die sich dem Kampf gegen Diskriminierung stellt, wird sie mir nehmen. Diskriminierung ist eine der katastrophalsten Mauern, welche Menschen je bauten. Die AfD lebt von diesen Mauern, und ich möchte ohne sie leben.

Die nächsten Wahlen werden nicht erst an den Wahlurnen entschieden werden. Sie werden überall dort entschieden, wo der AfD widersprochen wird. Ob die AfD die Zukunft dieses Landes nachhaltig zu bestimmen vermag, wird nicht nur von denen abhängen, die AfD wählen, sondern auch von denen, die dies nicht tun. Und von denen, die diese fehlenden Wahlstimmen erkämpfen.

Die Zukunft der AfD entscheidet sich in der «Mitte der Gesellschaft». Derzeit lässt sich dort ein Rechtsruck beobachten. Viel zu oft wird sich über den Genderstern mehr empört als über die AfD. Wer den Genderstern nicht mag, soll ihn nicht benutzen. Doch wer ihn beschimpft oder gar verbietet, als hänge Wohl oder Wehe unserer Gesellschaft davon ab, der gießt der AfD Wasser auf ihre Mühlen. Das machen auch Politiker wie Friedrich Merz (CDU), Markus Söder (CSU) oder Hubert Aiwanger (Freie Wähler), wenn sie gezielt «volksnah» rassistische Aussagen schwingen. Viele sehen solche als passende realpolitische Strategie an, der AfD Stimmen abzuwerben. Zum einen glaube ich nicht, dass ein Aiwanger oder Merz nicht wirklich so denkt, wie er spricht. Zum anderen zeigen viele Studien, dass Wähler*innen rechtsextremer Parteien letztlich lieber das Original als die Kopie wählen – und sich durch Äußerungen aus der «demokratischen Mitte» darin nur noch bestärkt sehen. Schlimmer noch: diese Versuche zementieren auch den Rechtsruck der Mitte. Deswegen ist dies ein Appell an alle, die sich in ihrer Komfortzone einmauern und von dort aus mit dem Zeigefinger auf die AfD zeigen, um dann nichts weiter unternehmen zu müssen. «Wehret den Anfängen» geht nicht aus dem Schaukelstuhl heraus. Und Zukunft geschieht nicht. Zukunft wird gestaltet. Was sein wird, ergibt sich aus dem, was wir aus der Vergangenheit machen, um die Gegenwart zu gestalten. Nichts geschieht. Alles wird gemacht. Das ist ein beruhigender Gedanke. Wer nichts macht, überlässt zwar anderen die Zukunft. Aber wer sie gestalten will, der wird mehr als ein Wörtchen dabei mitreden, wo die AfD im Herbst 2024 und in allen Jahren danach liegen wird. Wir sind viele. Zusammen können wir Brandmauern bauen und Gräben ausheben, um den braunen Sumpf auszutrocknen.

Eigentlich liebe ich Alternativen. Und bisher dachte ich, dass nichts alternativlos ist. Doch eine klare Abkehr von der Alternative für Deutschland halte ich für alternativlos. Und deswegen schreibe ich dieses Buch.

Die AfD als ein vor allem ostdeutsches Phänomen zu betrachten, ist kontraproduktiv. Die AfD wirkt auch im Westen – und ist letztlich nur Teil einer viel zu langen Diskriminierungsgeschichte. Die ostdeutsche Erfahrung, als «Andere Deutsche» diskriminiert zu werden, spielt aber schon eine Rolle. Entsprechend muss, wer der AfD das Wasser abgraben will, auch den Graben zwischen Ost und West zuschütten.

Entlang dieser These folgt das Buch seinem Titel: «Ich bin ostdeutsch und gegen die AfD». Zunächst erzähle ich, wie ich zur Ostdeutschen wurde, in der DDR und in den Transformationsjahren – und was es heißt, ostdeutsch zu sein, inmitten der deutsch-deutschen Geschichte voller Hierarchien und Überlegenheitserzählungen. Dabei gehe ich auf Überlegenheitsnarrative der Bundesrepublik und der DDR ein und führe aus, wie Ostdeutsche durch diese erst zu Ostdeutschen wurden, wie sie eine ostdeutsche Identität maßgeblich mitprägten. Im darauffolgenden Kapitel konzentriere ich mich auf das «gegen» im Titel des Buches: Wie ist der Kampf zu Diskriminierung zu dem geworden, was mich ausmacht – zu dem, was meinem Leben die Zielmarke steckt. Anschließend gehe ich auf die AfD als Bollwerk der Neuen Rechten ein und darauf, wie Ziele in populistische Lügen gekleidet werden, die Paradoxe nicht scheut, sondern als Nebelkerzen einzusetzen weiß. Dabei konzentriere ich mich insbesondere auf die Diskriminierungsagenda der AfD (als deren Kernanliegen) und frage, ob und wie sie die bundesdeutsche Demokratie unterwandern könnte. Das Kapitel endet damit zu zeigen, dass ostdeutsche Wut der AfD zwar einen besonderen Resonanzraum verschafft, die AfD aber kein ostdeutscher Sonderweg ist. Dabei streife ich die Frage, wie ostdeutsche Erfahrungen in der DDR und in den Transformationsjahren dazu beitrugen, dass Ostdeutsche (mehr als Westdeutsche) die AfD wählen. Vor allem aber geht es um die Frage, warum es letztlich nicht nur falsch, sondern auch problematisch ist, die AfD als vor allem ostdeutsches Problem abzutun. Am Ende ist die AfD ebenso wie Diskriminierung allgemein ein gesamtdeutsches Problem, dem sich die «Mitte der Gesellschaft» ebenso stellen muss wie ihrem eigenen Rechtsruck. Zum Schluss frage ich, wie die «Mitte» sich selbst kritisch befragen könnte. Über all diese Fragen spreche in am Anfang und Schluss des Buches mit meinem Freund Udo und Beate von der AfD. Sie vertreten Ansichten und sagen Sätze, denen ich in den letzten Jahrzehnten immer wieder begegnete.

Mit der AfD am Küchentisch: Gespräch mit Udo und Beate

«Sag mal, wie findest du eigentlich dieses Gemecker über Wolfgang Koeppen, über diesen Roman *Tauben im Gras*? Die eine Lehrerin will es ja nicht mehr unterrichten, weil da mal eines dieser neuen Woke-Unwörter vorkommt. Wie findest du das?» Aus irgendeinem Grund, wohl weil ich Literaturprofessorin und Rassismusforscherin bin, war mir diese Frage ab April 2023 häufiger gestellt worden. Entsprechend gewappnet fühle ich mich auf dieser Magdeburger Party im August 2023, diese Frage schnell hinter mich zu bringen: «Naja, ich finde diese Entscheidung von Jasmin Blunt total nachvollziehbar. Immerhin steht das N-Wort da an die 100 Mal drin. Es ist auch super sexistisch …» Weiter komme ich allerdings mit meiner Antwort erst mal nicht. Denn Udo unterbricht mich sichtbar aufgebrachter als zuvor: «Ach das ist doch Quatsch. Das geht einfach zu weit.» Intuitiv frage ich: «Hast du den Roman eigentlich gelesen?» Die Antwort fällt ebenso knapp wie fade aus: «Natürlich nicht!» Ich schaue wie ein Fragezeichen, und Udo fährt fort: «Nee, gelesen habe ich den nicht.» Und weil Angriff wohl die beste Verteidigung ist, fährt er fort: «Winnetou willst du mir auch noch wegnehmen, oder? Ich finde deine Cancel Culture einfach unerträglich. Bücherverbrennungen hatten wir schon. Zensur auch.» Ich verstehe, dass Udo nichts von Zensur hält. Geht mir genauso. Aber Abi-Kommissionen treffen ja immer Entscheidungen darüber, welches Buch in den Lehrplan kommt. Das ist keine Zensur, sondern Kanonbildung. Deswegen sage ich: «Mann, Udo. Autoren wie Koeppen, das ist doch die Normalität. Doch wenn einer der alten Platzhirsche mal ausgetauscht werden soll, jaulen alle auf. Jahrtausendelang saßen auf allen Bühnen und in allen Lehrbüchern einfach nur *weiße* Männer wie Karl May oder dein Koeppen.» Udo ist aufgebracht: «Ja, klar. Gab ja auch keine Frauen in der Zeit.» Was er damit meint, kann ich nur ahnen. Denn ohne Frauen geht nichts: «Das ist ja genau mein Punkt. All die Jahrhunderte lang standen

Leute wie du als Gate Keeper da und haben dafür gesorgt, dass Räume *weißen* Männern vorbehalten blieben. Frauen oder Schwarze wurden nicht mal gecancelt. Denn sie hatten ja nicht mal einen Platz, der ihnen weggenommen werden konnte. Es gab sie, aber sie kamen gar nicht rein – in den Kanon, auf die Theaterbühne oder in den Lehrplan. Das war und das ist die Normalität. Deswegen kann ruhig mal aufgefrischt werden, was im Abi gelesen wird.» Udo zeigt sich wenig beeindruckt von meinem Argument: «Ich weiß nicht. Ich sehe das einfach komplett anders.» Ich bin müde und mürbe. Aber ich möchte auch, dass Udo meine Perspektive versteht. Davon, dass Wissen immer gesellschaftlich normiert ist und jedes Wissen daher auch situiert ist, möchte ich jetzt nicht anfangen. Das wäre viel zu akademisch. Daher sage ich: «Naja, solche Kommissionen bestehen aus Menschen mit Biografien und Meinungen.» «Ja, und Wissen», unterbricht mich Udo. «Die wissen schon, was sie tun.» Ja, und Verantwortung haben sie auch. «Es gibt so wenig Pflichtlektüre im Abi», fahre ich fort: «Wieso sollte die Kommission dann unbedingt ein Buch beibehalten, das rassistisch und sexistisch ist?» Udo antwortet knapp: «Dann kann man doch super drüber reden.» Drüber reden finde ich auch toll. Aber wie? «Eignet sich dafür ein Roman, in dem Rassismus einfach reproduziert wird? Du stellst ja dann den ganzen Mist ins Klassenzimmer. Dafür aber bräuchtest du dann zumindest Leute, die das kompetent aufbrechen können. Aber wer bitteschön ist schon entsprechend ausgebildet? Da ist es doch eigentlich für alle Beteiligten leichter, im Abi einen rassismuskritischen Roman zu lesen als einen rassistischen.» Udo scheint nachdenklich, und ich knüpfe da an: «Weißt du, es ist doch auch aus einem anderen Grund wichtig, nicht nur *weiße* Männer in einen Abikanon aufzunehmen.» Ich scheue mich ein wenig. Jetzt wird es doch akademisch. Denn ich will was von Diversität und Repräsentation sagen: «Stell dir mal vor, was das für einen Unterschied für eine afrodeutsche Schülerin macht, ob sie nur tote *weiße* Männer liest oder auch einen Roman von einer Autorin of Color, in dem die Charaktere der Diversität der Gesellschaft entsprechen. Da fühlt sie sich doch gleich abgeholt, gesehen, repräsentiert und damit zugehöriger, sicherer.» In abgemilderter Weise kenne ich das von mir selbst, sage ich und erkläre: «Ständig muss ich an so dämlichen Ahnengalerien vorbeilaufen, in denen Fotos aller bisherigen Präsidenten der Uni, aller Bürgermeister der Stadt oder aller EU-Ratspräsidenten hängen. Das sind dann immer fast nur Männer. *Weiße* Männer. Und die eine Frau ist so gut wie immer *weiß* und meist so eine Thatcher. Ich meine eine Frau, die zwar vom Feminismus profitierte, den aber selbst nicht vertritt. Weißt du, wie diese Bilder auf mich wirken? Sie rufen mir zu: Du gehörst hier nicht rein. An der School of Oriental and African Studies der University of London, wo ich studierte, haben sie das besser gelöst. Da hängen die wichtigsten Absolvent*innen statt der früheren Präsidenten; und darunter sind viele Frauen of Color.»

Udo unterbricht mich: «Sag doch einfach Farbige.» Nein. «Farbige ist ein rassistisches Wort. Es kommt aus Zeiten tiefster Kolonisierung. Als Weiße sich als Norm setzten und alle ‹Anderen› davon als ‹farbig› (im Sinne von ‹nicht weiß› absetzten). People of Color aber wendet dies …» Weiter komme ich nicht. Udo unterbricht mich. «Ich bin Deutscher. Ich spreche kein Englisch.» Ich muss schmunzeln. «Wie hast du dein Segelboot noch mal genannt?» Udo weiß, was ich meine, und sagt etwas leiser als zuvor: «Blue Seabird. Aber das ist was anderes.» «Ist es nicht. Du sprichst doch auch von Boostern oder Shutdown. Hast einen Computer und telefonierst mit deinem Handy (obwohl das auf Englisch *mobile* heißt). Entweder du benutzt keine englischen Wörter, oder du machst das eben da, wo sich solche Trends durchsetzen. Es ist einfach eine Frage des Wollens, nicht des Könnens.» «Udo schnauft. «Ich meine ‹Farbige› doch nicht rassistisch.» Ich entgegne: «So einfach ist es leider nicht. Weder du noch ich haben die Macht, den Gehalt eines Wortes einfach so zu ändern. Kannst du mir mal die Wasserflasche reichen bitte?» Ich bin gemein. Denn als mir Udo die Wasserflasche gibt, sage ich: «Nee, ich meinte doch den Salzstreuer.» Zum Glück lässt er mir das durchgehen. Wir lachen etwas auf, bis Udo sagt: «Ich will einfach so sprechen, wie ich spreche. Am Ende kann man sonst ja gar nichts mehr sagen.» Du, so schlimm ist es nicht, denke ich, und sage: «Dafür, dass MANN gar nichts mehr sagen darfst, hast du das eben aber ganz schön laut gesagt. Außerdem: Jede deutschsprachige Person hat etwa 50 000 Wörter im Wortschatz, davon rund 15 000 in aktiver Benutzung. Ein paar diskriminierende Wörter weniger wirst du schon verkraften. Für dich ist es ein kleiner Schritt, aber für rassistisch diskriminierte Menschen ist das ein Quantensprung.»

Beate, die sich gerade zu uns an den Küchentisch gesetzt hat, schlägt einen neuen Ton an. «Udo hat voll recht, Susan. Du siehst echt keine klaren Bilder mehr. Die kommen hierher und arbeiten nicht, bekommen Puderzucker in den Hintern geblasen und nehmen uns noch alles weg. Sogar unsere Sprache.» Oha, denke ich. Jetzt wird es heftig. Ich möchte sagen, dass ich das total rassistisch finde, frage aber: «Was genau wurde dir weggenommen?» Beate schnappt nach Luft: «Mir nicht. Ich hatte Glück, weil ich das Haus meiner Großeltern habe. Aber meine Nachbarin, die ist Supermarkt-Verkäuferin, und die schuftet den ganzen Tag für nichts. Und die Ausländer müssen nicht mal Miete zahlen.» Woher sie das wissen will, weiß ich nicht. Doch während mich das ärgert, sagt Beate: «Deine Verbotspartei will mir jetzt auch noch den letzten Cent klauen und mir vorschreiben, wie ich hier in meinem Haus heizen soll.» Sie meint wohl die Grünen und hält mich für deren Wählerin. «Wenn die Grünen an die Macht kommen, haue ich aber so was von ab.» Wenn es nicht so traurig wäre, wäre es fast schon lustig. Weiß sie denn nicht, dass die Grünen gerade Teil der Regierung sind? Aber ich muss mich konzentrieren, weil sie weiterredet: «... Wir können einfach keine neuen Flüchtlinge verkraften, auch keine aus der Ukraine, die uns ja jetzt eh schon alles kostet. Hier leben die auf unsere Kosten, dann muss ich wegen denen noch für alles mehr bezahlen, und dort bezahlen wir deren Waffen. Alles von meinen Steuergeldern. Und jetzt soll ich noch diesen ganzen Regenbogenterror mitmachen.» Mir fällt nicht viel ein dazu, außer: «Lieber grüne Wiesen als blaue Flecken.» Beate antwortet: «Na, wenigstens versteht mich die AfD. Wer denkt denn sonst noch an uns Ossis. Die Linkspartei kannst du vergessen. Sonst wäre ja diese Wagenknecht da nicht abgehauen. Jetzt sind alle sauer auf die, bloß weil die mal auf den Punkt bringt, dass Deutschland keine Melkmaschine für Ausländer ist. Meinungsfreiheit? Von wegen! Nichts sagen, das darf ich. Aber Hauptsache, diese durchgeknallten Lesben schützen, die meine Stadt tyrannisieren.» Ich kann das nicht mehr ertragen. Aber wegzusehen ist auch keine Lösung: «Meinst du die Demo vor dem AfD-Parteitag in der Magdeburger Messehalle gerade?» Beate nickt: «Ja, das waren ein paar Hanseln mit Regenbogenfahnen. Und die Lügenpresse sprach dann von 2000 Leuten.» Ich versuche, mich auf die Demoebene zu konzentrieren: «Aber genau das ist doch die von dir verlangte Meinungsfreiheit. Die Leute haben gegen die AfD demonstriert. Und weil diese krasse homophobe Positionen vertritt, gehörten Regenbogenfahnen zum Demobild.»

Udo schüttelt den Kopf. «Beate meint ja nur, dass wir die Sorgen der Menschen ernst nehmen müssen. Das ist viel konkreter als deine abstrakten Vorstellungen von Diskriminierung hier und Repräsentation dort.» Ich ahne schon, welche Menschen er meint. Menschen wie Beate und «ihre» Lidl-Verkäuferin, die es vermutlich auch in Beates Leben gar nicht gibt.

Genau das sagt Be, eine Person, die vom Türrahmen her zugehört hatte, in einem sarkastischen Nachäff-Ton: «Wir müssen die Sorgen der Menschen ernst nehmen… Welche Menschen, welche Sorgen? Ich kann an so viele Orte nicht, weil ich Angst habe. Ich war auf fünf Schulen, nur weil die Scheiß-Kids immer fragten: Wie siehst du denn da unten aus? Und glaub doch nicht, dass die Lehrer*innen da groß was machten.» Beate sieht sehr verwirrt aus. Udo sagt: «Ach Mensch, das ist ja schlimm. Das tut mir leid.» Be fährt fort: «Ja, es fühlt sich einfach wie ein fucking Alptraum an. Trolls, die mein Existenzrecht als non-binäre Person laut in Frage stellen dürfen, sitzen in meinem Klassenraum, im Landtag, im Bundestag, hier am Küchentisch.» Beate versteht, dass sie gemeint ist, und leistet ihren entsprechenden Beitrag: «Trans ist einfach nur behindert! Ich werde mir doch von euch nicht nehmen lassen, dass ich eine Frau bin. Sterbt doch alleine aus.» Jetzt ist sie auf den Fortpflanzungszug gesprungen und Be aus dem Raum. «Nenn dich doch, wie du willst», sage ich zu Beate: «Genau darum geht es doch. Gleiches Recht für alle.» Beate seufzt: «Es gibt nun mal nur Männer und Frauen. Sorry. Aber wegen euch Moralisten traue ich mich als Frau nicht mal mehr auf die Straße. Überall lauert der Araber. Jeden Tag werden es mehr Massenvergewaltigungen.» Während Beate das mit lauter werdender Stimme verkündet, geht auch sie. Das veranlasst Udo zu sagen: «Siehst du, das meine ich. Was Be will, verstehe ich. Aber du bist viel zu abstrakt. Mit deinem Kulturkampf entzweist du die Gesellschaft.» Ich bin empört: «Nee. Rassismus entzweit. Die AfD-Hetze entzweit. Ich benenne das nur. Und was Be durchmacht, ist kein Einzelfall. Darum geht es ja. Nicht um die einzelne Baustelle, sondern um das gesamte Baugewerbe.» Udo sieht das anders: «Das ist doch Blödsinn. Plötzlich ist nichts mehr richtig und alles neu. Hauptsache woke. Es ist doch an sich ok so, wie es ist. Im Großen und Ganzen, meine ich.» Beate, die plötzlich wieder da ist, sagt: «Nichts ist ok. Und jeden Tag wird es schlimmer.» Ich sehe das genauso, nur führt mein Brückenende in die genau entgegengesetzte Richtung: «Ja, für dich ist vielleicht alles ok, Udo. Aber nicht für die, die täglich Diskriminierung ausgesetzt sind.» Beate schnauft: «Wer wird denn hier diskriminiert?» Udo versucht, eine Brücke zu bauen, indem er eine Lanze für Beate bricht: «Du musst Beate verstehen. Sie ist als Ostdeutsche ganz schön gebeutelt worden. Und die haben ja eben auch voll 'nen Knacks mitbekommen.» Komische Wende, finde ich, bleibe aber verhalten. «Die?» Udo sagt, dass er es so nicht gemeint habe. Beate geht jetzt Udo an: «Na klar hast du das so gemeint. Wir sind ja für euch die verzwergten Untermenschen. Aber die Islamisten lasst ihr in Ruhe, obwohl die Schwule hassen.» Schon paradox, denke ich und sage: «Da musst du dich wohl entscheiden. Erst kloppst du transphobe Sprüche, und jetzt sagst du, dass PoC nicht nach Deutschland gehören, weil sie homophob seien?» Beate geht jetzt endlich ganz weg vom Küchentisch und raus. Udo zieht daraus einen simplen Schluss: «Siehst du, das meine ich. Du zerreißt die Gesellschaft. Je lauter ihr seid, umso mehr verprellst du Leute wie Beate.» Ich wehre mich: «Erstens gefällt mir diese Eskalation auch nicht. Und zweitens hast du Beate gerade auch ‹eskaliert›, mit deinem ‹Ihr Ossis›-Gelabere. Ich bin übrigens auch ostdeutsch und gegen die AfD.» Udo schaut mich irgendwie musternd an, als würde er nach meinem Ostdeutsch-Gen suchen oder nach dem Grund, warum er mich nicht für eine Ostdeutsche hielt. Dann sagt er: «Dann bekomme doch deine Beate mal in den Griff!» Ich schüttele den Kopf: «Meine Beate? Ich finde, dass du gerade dichter an Beates Positionen dran warst als ich, Herr Wessi. Hab' nicht gehört, dass *du* ihr widersprochen hast.» Udo kontert: «Ihr habt da einfach Nachholbedarf. Mein' ich doch nicht böse. Könnt ihr nichts dafür. Aber so ganz ohne das kleine Einmaleins der Debattenkultur geht es nicht.» «Ach so», sage ich zynisch: «Deswegen kämpfst du für ein rassistisches Buch, ohne es vorher zu lesen.» Udo bleibt skeptisch: «Ja, soll ich denn jetzt mögen, dass Koeppen einfach aus dem Lehrplan gekickt werden soll und den scheiß Genderstern toll finden?» Nein: «Du musst ja nicht gleich zum Vorreiter des Gendersterns werden. Du musst das weder machen noch mögen. Aber wenn ich gegen Koeppen oder für den Genderstern bin, dann lass mich das machen. Wenn du wirklich verhindern möchtest, dass die AfD Wahlerfolge einfährt, dann stelle dich Diskriminierung in den Weg, statt diejenigen unfair zu attackieren, die das tun. Nur so können wir gemeinsam einen tiefen Graben zur AfD ziehen.»

2. Leben als Ostdeutschlands Andere Deutsche – vor und nach 1989

Überlegenheitsnarrative in West und Ost

Bruno Apitz' Roman *Nackt unter Wölfen* (1958) erzählt von einer Gruppe Kommunisten verschiedener Herkunftsländer, welche im KZ Buchenwald gegen die nationalsozialistische Gewalt und für Menschlichkeit kämpfen. Metaphorisch wird diese an wahren Ereignissen orientierte Geschichte an dem Kampf um das Überleben eines dreijährigen Kindes festgemacht. Den Roman habe ich mehrfach gelesen, die DEFA-Verfilmung aus dem Jahr 1963 einige Male gesehen. Jedes Mal fiel ich in eine Art Schockstarre angesichts des Schmerzes und der Gewalt. Gleichzeitig trug mich die im Widerstand gezeigte Stärke da auch wieder raus. Mich erfüllte Bewunderung darüber, dass ein Mensch nichts mehr hat als den eigenen Körper, um den Körper eines anderen Menschen zu schützen, und diesen einen und einzigen Körper dann einsetzt, um ein anderes Leben zu retten. Der Schutz des Kindes war dabei eine Metapher dafür, für die Humanität der Zukunft sein eigenes Leben zu geben, obwohl man selbst diese nicht mehr erleben könnte. Ich fühlte das als Vermächtnis für mein eigenes Leben. Sich von der nationalsozialistischen Vergangenheit zu lösen, dieser Vergangenheit keine Zukunft zu geben, war etwas, was Menschen in beiden deutschen Staaten mehrheitlich wollten. Doch dieser Grundsatz wurde sehr unterschiedlich gelebt.

Auch darüber hinaus beschritt das geteilte Deutschland nach der Zerschlagung des Nationalsozialismus durch die Alliierten zwei

Pfade, die gegensätzlicher kaum sein könnten. Es wurden sich widersprechende politische und wirtschaftliche Systeme aufgebaut, und beide deutsche Staaten fungierten als Grenzländer des «Kalten Krieges» – die DDR an der Westgrenze des kommunistischen Osteuropas und die Bundesrepublik als Bollwerk des freien Westens. Das ging mit entsprechenden Vorstellungen von Normalität und diese tragenden Erzählungen einher. Sich selbst zu definieren, ging nicht, ohne sich vom jeweils anderen abzugrenzen. Und so erfanden sich West und Ost, durch Geschichten, in denen die Überlegenheit des eigenen Systems über das der anderen Seite im Mittelpunkt stand. Beide deutsche Staaten nahmen für sich in Anspruch, auf der Siegerseite der Geschichte zu stehen und Gegenwart und Zukunft besser zu gestalten als die jeweils andere Seite.

Solche Überlegenheitssetzungen sind eine Konstante der Menschheitsgeschichte. Königreiche oder Nationen oder Kulturen und Religionen konturierten sich in Abgrenzung zu allen, die nicht dazugehören. Natürlich ging es dabei immer primär darum, Herrschaft auszubauen und ökonomische oder territoriale Interessen zu rechtfertigen, einschließlich Raub, Ausbeutung oder Krieg. Aber es geht auch um Zugehörigkeit und daran angelehnte Wertschätzung. Hier knüpfen Ideologien an, die zwischen der Norm und dem Anderen unterscheiden, um das Eigene über die Anderen zu stellen: «Diese Menschen sind Ungläubige, und da unser Christentum die einzig richtige Religion ist, lasst sie uns christianisieren, auch wenn wir dafür Gewalt anwenden müssen»; oder: «Afrikaner sind keine vollwertigen Menschen, lasst sie uns versklaven und ihre Diamanten heben, denn wir als einzig überlegene ‹Rasse› haben das Recht dazu.»

Inmitten dieser Geschichte baute die Bundesrepublik die zweite parlamentarische Demokratie Deutschlands auf. An der Seite der USA und Westeuropas und unterstützt durch den Marshall-Plan, steuerte sie in die soziale Marktwirtschaft und ökonomischen Wohlstand, jedenfalls gesamtgesellschaftlich gesehen. Obwohl Wohlstand nur inmitten von ökonomischen Ungleichheitskonstellationen samt Arbeitslosigkeit oder Armut zu haben war, wurde Wirtschaftskraft zur aussagekräftigen Stempelfarbe für das Gütesiegel der

Überlegenheit der Bundesrepublik und des politischen Westens, also Nord- und Westeuropas sowie Nordamerikas. Das funktionierte nur mit Zauberformeln wie «Wirtschaftswunder» und der «Vom-Tellerwäscher-zum-Millionär»-Geschichte. Sie machte große Lotto-Versprechen, taugte aber auch dazu, das Ausbleiben des kleinen oder großen Erfolgs als individuelle Erfahrung und Verantwortung zu verkleiden. Das hatte den Effekt, dass sich viele in die eigene Tasche logen. So zu tun, als gehöre man dazu, aber stärkte das eigentlich illusionäre Gütesiegel «Wohlstandsgesellschaft» und letztlich das kapitalistische Prinzip, dass viele vor allem in die Taschen weniger wirtschaften.

Das zweite Gütesiegel wurde aus Prinzipien der offenen Gesellschaft, wie Demokratie und Freiheit, abgeleitet, welche gesellschaftlich garantiert waren, auch wenn dies im Einzelnen unvollständig war und insgesamt ungerecht blieb. Das Letztentscheidungsrecht des Mannes etwa wurde erst 1957 in der Bundesrepublik aufgehoben, wobei es genaugenommen sogar erst 1977 endgültig fiel. Und § 175 des StGB, der Homosexualität verbot, wurde erst 1994 abgeschafft, überdauerte also die alte Bundesrepublik und hebelte damit sogar de facto die Abschaffung des Paragrafen in der DDR im Jahr 1968 aus. Zentral für das Gütesiegel des demokratischen und freiheitlichen Neubeginns aber war es, mit dem Nationalsozialismus zu brechen. Doch die Abkehr war längst nicht konsequent genug. So wurden zwar öffentlichkeitswirksame Prozesse gegen Protagonist*innen des Nationalsozialismus geführt, klare Worte der Verurteilung des «Dritten Reiches» gefunden und ein Grundgesetz verabschiedet, das Diskriminierung verbot. Doch Antisemitismus wurde nie komplett überwunden. Der Porajmos, der nationalsozialistische Genozid an Roma und Sinti, wurde weitgehend ignoriert, sogar an antiziganistischen Gesetzen wurde festgehalten. Auch bei der institutionellen Ersetzung nationalsozialistischer Eliten blieb die Politik, vor allem zur Zeit Adenauers, moderat. Und obwohl der antislawische Rassismus struktureller Rahmen für die genozidal gesteuerten Massenerschießungen durch die Wehrmacht gewesen waren, speiste er sich in den Antikommunismus des «Kalten Krieges» ein. Dieser war der eigentliche Hintergrund für die westliche Überlegenheits-Erzählmanufaktur, so wie auch umgekehrt für die des Ostblocks im Allgemeinen und der DDR im Besonderen.

Das Überlegenheitsnarrativ der DDR setzte an der Behauptung an, der einzige antifaschistische deutsche Staat zu sein. Das war zwar insofern schon von der Idee her problematisch, als Faschismus an eine diktatorische, antifreiheitliche und militarisierte Staatsform gebunden ist und die DDR selbst eine Diktatur war, die Militarisierung großschrieb. Doch durch die Rede von der «Diktatur des Proletariats», die für eine neue künftige Weltordnung kämpfe, sollte dieses Paradoxon aufgehoben und als eine weitere Überlegenheitszutat verwendet werden. Diese Diktatur wurde als vermeintliche Befreiung gesetzt, nicht nur der Arbeiter und Bauern. Nein, der ganzen Welt. Der wissenschaftliche Kommunismus behauptete, analog zu Darwins Evolutionstheorie, dass sich die Geschichte vom primitivsten Urmenschenclan zum Kommunismus entwickle, in dem alle Menschen gleich seien. Kapitalismus sei nur dessen vorletzte endliche Vorstufe, Sozialismus die direkte Schwelle zum Kommunismus als höchster und finaler Existenzform. Da nicht alle Menschen dafür bereits das richtige Bewusstsein hätten, müsse dieses noch erzeugt werden, was ein Freibrief für ideologisches und autokratisches Disziplinieren war.

In diesem Rahmen wuchs sich die DDR ihrerseits unter sowjetischer Dominanz und geleitet von dem Credo «Von der Sowjetunion lernen, heißt siegen lernen» zu einer sozialistischen Diktatur aus, in der Freiheit, Mitbestimmung und Privateigentum auf ein Minimum reduziert wurden. Die sozialistische Planwirtschaft verwaltete eine Mangelökonomie. Die Investitionsquoten, zum Beispiel, hatten ein bedenklich niedriges Niveau – ein Dauerthema in den DDR-Wirtschaftsetagen. Zwar gab es keine Arbeitslosigkeit, aber auch keine Effizienz. Die Wirtschaftsleistung reichte nicht einmal für die politisch notwendige Subventionspolitik (als Bindungsmittel ans System), geschweige denn für Wohlstand. Dennoch verkaufte die SED-Führung die DDR einerseits als führende Industrienation (und im Westen glaubten das nicht wenige, ostdeutsche Arbeiter*innen hingegen nur in Ausnahmefällen) und ihren ökonomischen Minimalismus andererseits als Tugend gegen den protzenden Wohlstand der Bundesrepublik. Dabei konnte sie ausnutzen, dass im mageren Wohlstand die Schere zwischen Arm und Reich in der DDR weniger breit und sichtbar ausfiel. Die Betonung der Armut in der Bundesrepublik war eine willkommene Erzählung, um die Schönheit der bundesdeutschen Marktwirtschaft als leere Kulisse zu inszenieren, welche kapitalistische Ausbeutung verschleiere. Und weil, umgekehrt, die Klassenfrage als eigentlicher Hauptwiderspruch in der DDR gelöst worden sei, sei diese der einzig antifaschistische Staat und einer, in dem auch alle Nebenwidersprüche wie die «Frauenfrage» oder der Rassismus gelöst worden seien. Doch diese «Errungenschaft» wurde von der DDR instrumentalisiert, um Diskriminierung nicht einfach nur zu verbieten, sondern sie als nicht-existent zu erklären. Das bedeutete, Diskriminierung zu beschweigen. Jedes Sprechen über und jedes Handeln gegen Sexismus oder Rassismus wurde nicht nur eingestellt. Es wurde untersagt. In diesem Sumpf des Schweigens wurden Nationalsozialismus und Diskriminierung nicht aufgearbeitet, sondern mit verdorbener Erde weiter genährt. Das schwächte den Bruch mit dem Nationalsozialismus und seiner ideologischen Erblast und wirkte sich insgesamt auf die fehlende kritische Auseinandersetzung mit Diskriminierung in der DDR-Gesellschaft aus.

Das Schwächeln im Umgang mit der faschistischen Vergangenheit wurde allein dem bundesdeutschen Nachbarland angehängt und dieses zum Alleinerben des Nationalsozialismus erklärt. Die eigenen Unzulänglichkeiten wurden entsprechend beschwiegen. Zwar war der Elitenwechsel sichtbar, wurden Verurteilungen von Nazis rigider durchgezogen als in der Bundesrepublik und wurde der Nationalsozialismus unmissverständlich verurteilt. Ein Hauptschwerpunkt lag dabei darauf, aktive Widerstandskämpfer*innen, allen voran Kommunist*innen, zu würdigen und zu erinnern. Das bedeutete auch, dass die Verfolgung von Juden*Jüdinnen und die Shoah als ein Verbrechen unter vielen eingeordnet wurden. Der Porajmos wurde nahezu gänzlich beschwiegen. Nationalsozialistische Symbole wie das Hakenkreuz oder der Hitlergruß waren verboten. Doch das antisemitische Symbol der «Judensau» blieb unversehrt an der Wittenberger Stadtkirche hängen. Im Allgemeinen wurde Antisemitismus mit dem Argument verleugnet, dass es diesen als Ausgeburt des Kapitalismus im real existierenden Sozialismus gar nicht geben könne. Umgekehrt wurde allen DDR-Bürger*innen ein diktatorisch besiegelter Freibrief ausgestellt, nicht antisemitisch sein zu können. Dies aber bot der Gesellschaft einen bequemen Rahmen dafür, den Nationalsozialismus als abgeschlossene Geschichte zu behandeln und auch eigene Verantwortlichkeiten für die Shoah systematisch zu beschweigen. In diesem Klima gedieh Rassismus besonders gut.

Dem Wortlaut der Verfassung gemäß hielt die DDR an der Idee der Existenz von «Menschenrassen» fest, und so wurde das etwa auch in der Schule vermittelt. Nicht nur im Biologieunterricht. Schon in der Grundschule lernten wir etwa durch das Lied «Über allen strahlt die Sonne» singend die vermeintlichen «Rassen» aufzuzählen: «Froh und glücklich will doch spielen, auf der Erde jedes Kind, ob nun seine Eltern Schwarze, Gelbe oder Weiße sind.» So wie die Vorstellung, dass es «Rassen» gäbe, schon immer nicht ohne Rassismus zu haben war, blieb die DDR-Gesellschaft durch und durch rassistisch. Dass Schwarze Menschen oder People of Color systematisch Rassismus ausgesetzt waren, konnte aber in dem staatlich verordneten Schweigen über Rassismus nicht zur Anzeige gebracht werden. Mehr noch, diskriminierende Gesetzgebungen etwa gegen Roma blieben sogar bestehen. Und in der DDR drohte allen außer Müttern eine Haftstrafe dafür, wenn sie nicht arbeiten gingen, wofür das Label «Asoziale» benutzt wurde – als wäre dies nicht das NS-geprägte Label, das dem Porajmos als Legitimation gedient hatte.

Auch Diskriminierung gegenüber Menschen mit Behinderung war omnipräsent. Unverblümte Beleidigungen im Nazi-Sprech gehörten zum Alltagsbild. Wer keine Familie hatte, die sich schützend vor sie stellen konnte oder wollte, wurde in Einrichtungen unmenschlich behandelt, etwa an Betten gefesselt oder mit Medikamenten und Elektroschocks gefoltert. Homosexualität wurde zwar offiziell nicht strafrechtlich verfolgt, allerdings rüttelte das nur wenig daran, dass homophobe Hetze und Feindseligkeit nicht strafrechtlich relevant war, sondern zum Alltag gehörte.

Was die «Frauenfrage» angeht, so war die DDR-Verfassung deutlich konsequenter als das Grundgesetz. Die Gleichberechtigungsklausel von Mann und Frau wurde ergänzt um die folgende konsequente Formulierung: «Alle Gesetze und Bestimmungen, die der Gleichberechtigung der Frau entgegenstehen, sind aufgehoben.» Das griff die Verfassung von 1968 in Artikel 20 wie folgt auf: «(2) Mann und Frau sind gleichberechtigt und haben gleiche Rechtsstellung in allen Bereichen des gesellschaftlichen, staatlichen und persönlichen Lebens. Die Förderung der Frau, besonders in der beruflichen Qualifizierung, ist eine gesellschaftliche und staatliche Aufgabe.» Zwar dauerte es auch in der DDR noch etwas, bis alle Paragrafen und Gesetze der Verfassung folgten und alle de-facto-Praktiken den de-jure-Bestimmungen angepasst wurden. Das Letztentscheidungsrecht des Mannes aber, das in der Bundesrepublik weiter bestand, wurde in der DDR ohne Einschränkung abgeschafft. Dieser deutliche Schritt in Richtung Unabhängigkeit von Frauen, die sich eben auch als Möglichkeit zu wirtschaftlicher Autonomie auswirkte, war eine gern gespielte Trumpfkarte der DDR.

Die Emanzipation der DDR-Frau im Vergleich zur Frau in der Bundesrepublik wurde maßgeblich daran festgemacht, dass sie «arbeiten durfte». Zum einen änderte das nichts daran, dass der Gender-Pay-Gap deutlich und Frauen in Leitungs- und Machtfunktionen systematisch unterrepräsentiert waren. Zum anderen durften Frauen nicht nur arbeiten. Es wurde von ihnen erwartet.

Es stimmt zwar, dass aus dieser Berufstätigkeit die Möglichkeit erwuchs, ökonomisch unabhängig vom Mann zu leben. Andererseits aber war die Berufstätigkeit der DDR-Frau selbst nicht gleichbedeutend mit Emanzipation oder gar Freiheit bzw. Autonomie. Ob Frauen in der DDR wirklich gleichberechtigter, selbstbewusster und selbstbestimmter waren als in der Bundesrepublik, muss letztlich immer auch in Relation beantwortet werden. Denn vielleicht hatte sie mehr Autonomie in der Familie oder durch wirtschaftliche Unabhängigkeit, aber wie viel Selbstbestimmtheit kann eine Diktatur insgesamt überhaupt zulassen? Am Ende blieben alle DDR-Frauen in einer Diktatur gefangen und waren in dieser einer Dreifachbelastung unterworfen: Neben Berufstätigkeit gab es das obligatorische gesellschaftliche Engagement (etwa in SED oder FDGB). Selbst wer dem nicht nachkommen wollte, musste für diesen kleinen Widerstandsakt Energie aufwenden. Drittens leisteten Frauen weitgehend allein die gesamte Haus- und Erziehungsarbeit. Unbezahlt. Denn stereotype Familienrollen blieben intakt. Diese wurde nur durch einige wenige Schutzgesetze für Mütter versüßt. Neben einem Haushaltstag pro Monat war das ein Anspruch auf Mutterschutz- oder Erziehungszeit. Zudem gab es sozialpolitische Strategien für junge Ehen und vor allem in Ehen geborene Kinder. Das aber führte zu frühen Heiraten, was umgekehrt neben der Möglichkeit finanzieller Autonomie auch ein Faktor für die hohe Scheidungsrate in der DDR war. Die Kommodifizierung der Frau fiel in der DDR weniger barbie-esk aus, aber patriarchalisch geprägte Schönheitsdogmen prägten auch DDR-Blicke auf Frauen.

Obwohl die Stellung der Frau letztlich insgesamt eine Trumpfkarte für die DDR war, hatte Sexismus dort nichts an Präsenz eingebüßt. Das spricht auch aus Heiner Carows DDR-Kultfilm «Die Legende von Paul und Paula» (1973). Er erzählt von der Liebe eines verheirateten SED-Funktionärs auf höherer Ebene und einer alleinstehenden Mutter, die als Kassiererin arbeitet. Paula bezahlt ihre Leidenschaft mit dem Tod eines ihrer Kinder. Diese Szene schmerzte mich so sehr, dass ich mir den Film nie wieder anschauen kann. Dieser Schmerz nährte aber auch die Empörung darüber, dass Paul sich für seine Karriere entscheiden und in das Wohnzimmer zurückkehren kann, in dem seine Ehefrau als handlungsunwillige Statue festgenagelt scheint. Carows Film erzählt diese Geschichte ohne feministische Ambition wie nebenher mit. Und doch verstand ich, dass die DDR, gerade weil sie in ihren wichtigsten Strukturen vor allem Männer platzierte, weit davon entfernt war, patriarchalische Strukturen abbauen zu wollen. Entsprechend wurde Feminismus entlang der Linie, dass die ‹Frauenfrage› geklärt war, verboten. Jede feministische Gruppe empfand die SED-Diktatur als Angriff auf seine Staatsdoktrin. Und so stand etwa auch im Duden der DDR unter Feminismus, dass dies eine «weibliche Eigenschaft bei Männern» sei.

Insgesamt hatten die meisten DDR-Bürger*innen Schwierigkeiten damit, im System anzukommen. Das aber bewirkte, dass sie nicht sich, sondern Westdeutschland auf der Gewinnerseite verorteten. Und zwar in jeder Beziehung. Wer etwa die Realpolitik der SED-Diktatur ablehnte, konnte sich an der bundesdeutschen Demokratie als überlegener Alternative orientieren – auch wenn diese ihre Grenzen hatte. Diese Grenzen dann von der SED-Diktatur ideologisch aufbereitet jeden Tag erfahren zu müssen, machte den Diktaturfrust dieser Ostdeutschen nur noch größer. Fehlende Rede- und Versammlungsfreiheit bei gleichzeitiger Zensur von Büchern, Musik oder Theater ließ den Westen in vielen ostdeutschen Köpfen und Herzen strahlen. Und wer westdeutsches Konsumverhalten nur über die Mattscheibe oder die platt gedrückte Nase im Intershop kannte, den quälten die halbleeren Kaufhallen oder die jahrelangen Wartelisten für Autos umso mehr – selbst dann, wenn im künftigen Handschuhfach ein langgedienter SED-Ausweis lag. Wer feministisch agieren wollte, musste dies in geheimen Treffen tun, wobei die gemeinsame Lektüre an der Zensur vorbei aus dem Westen illegal eingeschleust werden musste.

Die SED-Diktatur war sich bewusst, dass es am Glauben an die eigene Überlegenheit oder, wie sie es nannte, am «richtigen Bewusstsein» fehle. Daraus leitete sie die Notwendigkeit ab, den Weg dahin durch eine ideologische Dauerbeschallung im Sinne eines sozialistischen Brainwashings zu ebnen. Zudem ergab sich daraus die Möglichkeit, die Militarisierung der Gesellschaft als friedlichen Verteidigungswall gegen die kapitalistische Bundesrepublik (und die angeblich von dieser instrumentalisierten inneren Feinde) zu setzen und die Staatssicherheit als deren Schwert zu deuten. Dieses Korsett trieb den Osten nur noch weiter von sich weg.

Kaum jemand im Osten konnte sich in den ostdeutschen Überlegenheitserzählungen wiederfinden, während viele in der DDR umgekehrt das Überlegenheitsnarrativ des Westens anerkannten. Der Westen wiederum glaubte zwar nicht an die Selbsterzählung der DDR, dafür aber an sich. Während die ostdeutschen Überlegenheitserzählungen kaum mit individuellen und gesellschaftlichen Erfahrungen korrelierten, hatte die Bundesrepublik diesbezüglich größere Schnittmengen zu bieten. Insgesamt konnten sich Bundesbürger*innen tatsächlich leichter auf die Seite der «Sieger der Geschichte» schlagen und sich diesen zugehörig fühlen. Zwar gab es in der BRD einzelne Kommunist*innen, die die DDR besser und in ihr eine Heimat fanden. Umgekehrt aber war die Bundesrepublik ein weitaus wirksamerer Magnet für ostdeutsche Flucht. Während es den Westen so gut wie nicht gen Osten zog, sehnten sich Millionen aus der DDR nach dem Westen.

Das alles wirkte sich auch auf die wechselseitigen Blicke aus: Während es aus der Bundesrepublik heraus kaum je den Wunsch gab, hinter die 1961 dann auch physisch gebaute Mauer schauen zu wollen, kannten Ostdeutsche, soweit ausstrahlungstechnisch möglich, bundesdeutsche Radio- und Fernsehprogramme und dadurch deren Politiker*innen, Erzählungen oder Waren, wenn auch vor allem durch Werbung und weniger durch den durch Westpakete oder Intershops ermöglichten Konsum.

Noch schwerer aber wog, dass die meisten Bundesbürger*innen diese Asymmetrie ebenso wenig angemessen einordneten wie die Tatsache, dass die SED-Diktatur ebenso wie der durch diese geschaffene Alltag in weiten Teilen des Ostens abgelehnt wurden. Die Unterscheidung zwischen SED-Staat und DDR-Gesellschaft kam zu kurz. Die durch den «Kalten Krieg» und aus einer gelebten Demokratie heraus beförderte Ablehnung des Westens gegenüber dem Ostblock wurde auch weitgehend pauschal auf Menschen im Osten übertragen. Im Ergebnis reagierte der Westen eher herablassend gegenüber DDR-Bürger*innen als solidarisch mit diesen. Das aber kam bei Ostdeutschen an, etwa durch Funk oder Fernsehen – aber auch durch und in persönlichen Begegnungen. Und es fühlte sich für viele Ostdeutsche falsch an und erzeugte so widerstreitende Gefühle. Während sich viele DDR-Bürger*innen wünschten, wie Bundesdeutsche zu leben, triggerte die westdeutsche Arroganz, die Staat und Gesellschaft vermengte, Abwehrreaktionen gegen die westdeutsche DDR-Schelte. So entstand eine Schieflage der Zerrissenheit. Einerseits hasste sich der Osten selbst, hasste er die Diktatur, die ihn festhielt; andererseits aber hasste er es, von Westdeutschen auf die Diktatur reduziert und mit allen Ostdeutschen, ob SED-Funktionär oder Bürgerrechtlerin, in einen Topf geworfen zu werden. Genau das prägte auch die 22 Jahre, die ich in der DDR lebte.

Während ich mich in der DDR nicht finden konnte, wurde mir in Begegnungen mit Bundesdeutschen immer klar, dass in der Bundesrepublik keine Zugehörigkeit für mich wartete. Weil der abschätzige Blick aus Westdeutschland mein Gefühl fehlender Zugehörigkeit noch verstärkte, versuchte ich, ihn zu ignorieren. Das wiederum trieb mich zurück in die einzige Welt, die offen für mich stand, die der DDR. Inmitten dieser Lügen und Paradoxien versuchte ich, meine Identität in der DDR, ja als DDR-Bürgerin zu finden. Ich weigerte mich, in die SED einzutreten. Ansonsten aber lebte ich angepasst. Um sicher durch die Widernisse der SED-Diktatur zu navigieren, arrangierte ich mich mit der fehlenden Freiheit, mit der fehlenden Demokratie, mit der fehlenden Mitbestimmung. Ich setzte auf meinen Opportunismus und einfache Erzählungen, die das Brainwashing uns bot. Das war ein Überlebensmodus, auf den ich heute alles andere als stolz sein kann. Ich wollte mich als DDR-Bürgerin wohlfühlen. Doch obwohl mir nichts außergewöhnlich Schlimmes widerfuhr und ich vergleichsweise sicher lebte, gelang mir das nicht. Die DDR wurde nie zum Wohlfühlort für mich. Ein Ankommen in der DDR im Sinne einer Identifikation war schwer und mir unmöglich. Bis heute sticht es mir ins Herz, wenn ich die drei Buchstaben sage: DDR. Sie fühlen sich nicht gut an. Taten das nie. Dennoch mag ich die Rede von der «ehemaligen DDR» auch nicht. Darin, dass das Ende der DDR durch «ehemalig» verdoppelt wird, steckt genau die westdeutsche Siegerstimmung, die das ostdeutsche Ankommen in der Bundesrepublik nicht gerade leicht machte. Von beiden Unbehagen erzählen die nächsten beiden Kapitel.

Aufwachsen in der DDR

Als ich 2009 Michael Hanekes Spielfilm *Das Weiße Band* sah, verstand ich zum ersten Mal in meinem Leben, woher ich komme. Das weiße Band steht für ein erdrückendes Weltbild, das keinen Millimeter Abweichung aus dem Gleichtritt duldete und dabei hehren Idealen völkischen Deutschseins folgt. Alle Erwachsenen, die ich in meiner Kindheit kannte, wurden in einer Gesellschaft von einem weißen Band sozialisiert und schnürten mich mit diesem ein. Jahrelang hatte das für mich der Spruch «Grün und Blau schmückt die Sau» versinnbildlicht. Obwohl meine Mutter nie begründen konnte, warum das so ist, schlug sie mich, sobald ich blaue und grüne Kleidungsstücke trug. Das wiederum passt zur eigentlichen Bedeutung des Sprichwortes. Denn es verweist auf Frauen, die von Männern grün und blau geschlagen wurden, wobei das Sprichwort anti-solidarisch empfiehlt, geschlagene Frauen zu meiden. Denn von dem Ehemann geschlagen zu werden, warf nicht allein ein schlechtes Bild auf den Mann, sondern auch auf die Frau, weil sie ja offenbar Anlass gab, gezüchtigt werden zu müssen. Doch erst, als ich *Das weiße Band* sah, konnte ich die erdrückende Zwangsjacke, die alle zusammenband, sehen: Sie presste Männer in Normgebungen toxischer Männlichkeit. Nicht für alle war dies das, was sie mochten. Doch zugleich konnten sie wenigstens auf diese zurückgreifen, um das erfahrene Leid auszuleiten. Frauen eigneten sich gut als Boxsäcke. Am vulnerabelsten aber waren Kinder, weil sie in der Machtkette ganz unten standen. Auch wenn Männer als Patriarchen und Väter die großen Linien vorgaben, geben Familiensysteme Müttern enorm viel Macht über Kinder. Als Schaltstelle, an der die Werte künftiger Generationen geschmiedet wurden, bot sich hier die Möglichkeit zu entscheiden, wie diese vermittelt und Grenzen gesetzt werden. Selbst erfahrenen Druck oder Gewalt «nach unten» kompensatorisch weiterzugeben, ist dabei Teil des Programms.

Das gehört zur «Ära des weißen Bandes» und wurde im Nationalsozialismus, gestützt auf Johanna Haarers Konzept der festen Hand der harten Mutter, bewusst eingefordert. Die DDR brach nicht mit diesem Erziehungsstil. Sie nutzte und adaptierte ihn, wobei sie dies auf staatlich kontrollierte Betreuungsorte ausweitete. Weil in den meisten Familien beide Eltern berufstätig waren, mussten Kinder meist schon ab einem Alter von sechs Wochen weite Teile des Tages in Krippe, Kindergarten, Schule oder Hort verbringen. Dass das der ideologischen Prägung der Heranwachsenden im Sinne der SED dienlich war, liegt auf der Hand. Anders als noch im Nationalsozialismus war Gewalt in Schulen verboten. Und doch wurde diese nicht konsequent unterbunden und war in familiär oder staatlich kontrollierten Heimen täglich Brot. Ja, das weiße Band hielt auch in der DDR die Fäden zusammen.

Vor 1945 waren meine Großeltern und deren Kinder Menschen, die aktiv mit dem Nationalsozialismus verbandelt waren. Widerstand gab es in meiner Familie nicht, eher Mitläufertum und Bejahung. Der Großvater mütterlicherseits arbeitete als Fahrer für einen Reichstagsabgeordneten der NSDAP, der meines Vaters diente in der Wehrmacht an der Ostfront. Mein Vater ist als Zweiter von vier Söhnen in Stettin aufgewachsen. Anfang 1945 mussten sie von dort fliehen. Meine Oma hatte einen in russischer Sprache verfassten Passierschein erschummeln können. Doch als sie auf sowjetische Soldaten trafen, stellten diese sie dann doch vor die Wahl, dass alle oder nur ihr Mann (der sich gerade im Fronturlaub befand) erschossen werden würden. Meine Oma entschied sich für ihre Kinder. Mein Opa wurde nicht erschossen, kam aber in Gefangenschaft. Auf der weiteren Flucht wurde meine Oma vergewaltigt. Kurz nach dem Krieg erkrankte sie an Krebs. Ihr Mann, der nach der Kriegsgefangenschaft Gefängniswärter in Brandenburg geworden war, nahm meinen Vater aus der Schule, damit er seine Mutter pflege. Mein Großvater selbst ging mit der Krankenschwester, die zusätzlich für die Pflege meiner Oma zuständig war, eine sexuelle Beziehung ein. Das brach meiner kranken Großmutter das Herz. Und da meinem Großvater das wiederum auf die Nerven ging, unterband er schließlich Hilfeleistung: Als mein Vater meiner Oma bei einer akuten Atemnotattacke unter die Arme griff, drückte mein Großvater ihn beiseite und sie gewaltvoll nieder. Mein Vater zog sie dennoch hoch, stellte sich gegen den Patriarchen. Als meine Oma bald darauf starb, heiratete mein Großvater die ehemalige Krankenschwester, damit sie sich um seine vier Kinder kümmere. Meinen Vater wollte er allerdings einem kinderlosen Ehepaar überantworten, die berührt davon waren, wie fürsorglich dieser seine Mutter gepflegt hatte. Auf Bitten seiner drei Brüder hin durfte mein Vater in der Familie bleiben, musste aber die Schulbildung abbrechen. Als auch die zweite Frau meines Opas einer Krebserkrankung erlag, heiratete er wiederum die ihr zur Pflege gestellte Krankenschwester. Mein Vater ging dann mit 18 in die Maurerlehre. Später studierte er in der Abendschule Ingenieurwesen und wurde schließlich Betriebsleiter eines Bauunternehmens mit ca. hundert Angestellten. Und ein SED-Mitglied, das regelmäßig mit der Stasi sprechen musste. Darüber, dass seine Mutter von Sowjetsoldaten vor die Wahl gestellt wurde, dass alle oder nur ihr Mann erschossen werden, und darüber, dass sie vergewaltigt wurde, konnte er nie sprechen. Er sagte immer: «Und dann kamen die Russen in den Wagon und meine Mutter nahm uns vier Jungs in ihre Arme. Dann wurden nur alle anderen Frauen geholt.» Seine zitternde Stimme und seine traurigen Augen sagten mir, dass das nicht stimmte. Mit neun Jahren hatte er das Ende der Welt gesehen. Seiner Welt. Das hatte ihn für sein Leben traumatisiert. Das hat er nie aufgearbeitet. Momente der Trauer gab es nur, wenn er mir das Heidenröslein vorsang. Dann weinte er. Er war für sich wohl eher die gebrochene Rose als der Junge, der sie brach. Vielleicht auch beides. Auch die Verfilmung des *Tagesbuches der Anne Frank* rührte meinen ansonsten stählernen Vater zu Tränen. Dennoch sah er den Nationalsozialismus vor allem durch seine eigene Traumatisierung. Wenn er erzählte, dann über seine Flucht samt der Angst vor «den Russen». Ich sah das Leid meines Vaters und konnte es nicht ertragen. Mit zunehmendem Alter aber wurde ich zugleich auch wütender darüber, dass er die nationalsozialistische Aggression als Kontext aussparte. Das fiel auch in meiner Familie mütterlicherseits nicht anders aus.

Diese kommt aus Bittkau in der Altmark. Sie waren Bäuer*innen oder Elbschiffer*innen. Meine Großeltern wollten dem entfliehen und zogen in die «große Stadt», nach Magdeburg. Im Krieg kehrten sie, Zuflucht suchend, nach Bittkau zurück. Dort erlebten sie am 16. Januar 1945 die Bombardierung Magdeburgs. Als Kind wuchs ich mit der Erzählung auf, wie schlimm das war. Auch diese Erzählung blieb einseitig und blendete den nationalsozialistischen Kontext aus. Und zwar auch dann, wenn mir meine Mutter (mindestens einmal im Monat) davon erzählte, wie furchterregend der polnische Zwangsarbeiter Nikolai gewesen sei, obwohl ihr Vater doch so nett zu allen Zwangsarbeitern, die sie so nie, nie, nie nannte, gewesen und es ihnen doch so gut ergangen sei. Als ich erwachsener und reflektierter wurde, konfrontierte ich meine Mutter mit der Aussage, dass der polnische Zwangsarbeiter gar keinen Grund gehabt hatte, freundlich zu sein. Und auch mit der Frage, ob Nikolai überhaupt Pole gewesen sei oder nicht vielleicht Weißrusse oder Ukrainer. Das habe sie nicht interessiert, sei ihr auch egal. Das wiederum entsprang antislawischem Rassismus. Irgendwann fand ich ein Foto, das die Bittkauer Großfamilie anlässlich einer Hochzeit unter einem Hakenkreuz zeigt. Auch trotz des Fotos wollte sich meine Mutter nicht daran erinnern, dass ihre Familie Teil des nationalsozialistischen Systems war. Im Schlafzimmer meiner Oma hing dafür ein Foto vom 18-jährigen Karli in Wehrmachtsuniform, der während der Schlacht um Stalingrad gestorben war. Es verging wohl kein Tag, an dem sie nicht seufzte «Ach, Karli». Ihr Trauerschmerz machte mich traurig. Dass sie nie darüber reden konnte, dass er Teil der Wehrmacht gewesen war, welche den «totalen Krieg» führte, störte mich dennoch, je älter ich wurde. Auch die NSDAP-Angebundenheit meines Großvaters wurde kleingeredet bzw. beschwiegen.

Am schlimmsten aber war für mich, dass anscheinend wirklich niemand, den ich kannte, von der Shoah etwas gewusst haben wollte. Ein einziges Mal wagte sich meine Oma mütterlicherseits zu der Erinnerung vor, dass sie nahe Bittkau einen Zug gesehen habe, in dem Menschen tagelang zusammengepfercht gewesen waren. Ohne Wasser. Als ich sie Tage später noch einmal darauf ansprach, konnte sie sich an nichts erinnern, nicht an den Zug, nicht daran, dass sie mir von diesem erzählte. Es waren, gefühlt, immer nur irgendwelche ominösen Anderen, welche die nationalsozialistischen Gräuel zu verantworten hatten. In anderen Familien klang es ähnlich wie in meiner. Das erfuhr ich in Gesprächen, die ich mit Gleichaltrigen suchte und als ich im Rahmen der Timur-Hilfe älteren Menschen begegnete.

«Timur-Hilfe» lehnte sich an Arkadi Gaidars Buch Тимур и его команда (1940: *Timur und sein Trupp*) an, welches in der Schule Pflichtlektüre war. Es erzählt davon, wie eine Gruppe von Freund*innen Angehörigen von Soldaten der Roten Armee Nachbarschaftshilfe leistet. Das bewegte mich und auch, dass der Laden zwar nach Timur hieß, es aber zudem endlich auch mal eine wichtige Mädchenfigur gab. Als stolze Trägerin des Abzeichens «Timur-Trupp» brachte ich alten Menschen Essen nach Hause. Das fühlte sich nach Timurs Vision von Menschlichkeit an, und es bot mir die Chance, Fragen nach dem Krieg zu stellen. Diese aber stießen auf Leere und Schweigen. Vielleicht resultierte dieses Schweigen ja aus Scham. Machte dies die Stille besser? Auf keinen Fall. Jedenfalls war es für meine Familie und die vielen anderen Schweigenden zweifellos hilfreich, dass die DDR diesen Schweigeraum zuließ und ihn, bezüglich der Shoah, sogar beförderte. Das aber bewirkte, dass sich meine Familie so wie weite Teile der DDR-Gesellschaft überhaupt nicht der Frage stellte, was der Nationalsozialismus und sein Antisemitismus mit ihnen und ihren Blicken auf Menschen und die Welt gemacht hatte. Diese Leerstellen wirkten entsprechend auch in meine eigene Sozialisation hinein – und zwar auch weit über Antisemitismus allein hinaus.

Mein Vater erzählte gern, dass er zu meiner Geburt ausgerufen hatte: «Wenn die Susan ein Negerbaby geworden wäre, wäre ich ausgezogen.» Weil ich erst als Jugendliche verstand, dass es ihm dabei um die Vaterschaftsfrage ging, speicherte ich vor allem ab, dass es so schlimm sei, ein N. zu sein, dass sich sogar Väter abwenden. Umso ängstlicher war ich, weil eine *weiße* Nachbarin mich (weil ich immer sehr sonnengebräunt war) regelmäßig N-Püppchen nannte und das zum Anlass nahm, mir in den Po zu kneifen. Ich spürte den Schmerz, aber nicht, wie stark diese Erfahrung Empörung auslöste, welche sich als Zugehörigkeit zu *weißer* Überlegenheit in meine Identität einband. Das N-Wort war tatsächlich omnipräsent, überall. Selbst Helden des Kommunismus wie Paul Robeson wurden damit tituliert, er war kein Sänger, er war N.sänger. Doch auch wenn es alle verwendeten, hatte ich nie das Gefühl, dass es wertneutral war. Ganz im Gegenteil.

Dass ich als Mädchen auf die Welt gekommen war, hatte meinen Vater enttäuscht. Vielleicht weil er sich jemanden zum Fußballspielen gewünscht hatte. Vermutlich aber, weil in den 1960er Jahren Mädchen-Babys im «Wer bin ich?»-Protzen weniger wert waren als Jungen. Auch wenn ich noch gar nicht ahnte, was dieser ganze Hype um «Wisst ihr schon, was es wird?» bedeutete, prägte er mein Werden.

Vom ersten Tag meines Lebens an war es erklärtes Ziel meiner Eltern, mich zu einer attraktiven Ehefrau und beflissenen Mutter zu erziehen. Das haben sie vermutlich nie so besprochen. Es war ihnen wie meinen Großeltern einfach klar. So waren meine Mutter und mein Vater erzogen wurden. Nichts schien ihnen schlimmer, als dass ich ein «spätes Fräulein» werden würde. Als Negativbeispiel hielten sie mir immer eine Kollegin meines Vaters, Fräulein Müller, vor Augen, die auch mit 60 noch als Fräulein angesprochen wurde, weil sie nie geheiratet «wurde». Entsprechend stand «Fräulein» bei meiner Mutter hoch im Kurs, wann immer sie meinen «Ungehorsam» schalt.

Im Universum meiner Familie war es zudem selbstverständlich, dass Frauen für die Kinder sorgten und den Haushalt führten – und zwar ohne dass dies wertgeschätzt wurde. Ich wuchs mit der Erzählung auf, dass meine Oma mütterlicherseits nicht arbeite. Tatsächlich aber hatte sie ihre Ausbildung als Köchin abgeschlossen, dann aber ihren Beruf aufgeben müssen, um neben Haushalt und Erziehungsarbeit für die mittelständische Schlosserei meines Großvaters als Köchin und Buchhalterin zu arbeiten. Mittelständische Unternehmen waren in der DDR weder die Norm noch wohlgelitten. Dass aber die Familienarbeit von Frauen so gut wie unsichtbar gemacht wurde, war in allen Schichten ebenso gängig, wie es generell üblich war, dass Frauen genau auf diese Rolle hin erzogen wurden.

Wohl deswegen erfüllten meine Eltern mir etwa auch nie den Wunsch, zum Geburtstag eine Eisenbahn oder Autobahn zu bekommen. Stattdessen zwangen sie mich, mit Puppen zu spielen. Zu jedem Geburtstag bekam ich eine neue Puppe geschenkt. Nicht etwa, weil mir die vorherige gefallen hatte, sondern im Gegenteil, weil ich diese ignoriert hatte. Weil meine Eltern mich weder sahen noch anhörten, konnten sie das nicht verstehen. Am Ende fiel es ihnen leichter, sich vorzustellen, dass mir die Puppe davor nicht gefallen habe, als dass mir diese Puppenmutterrolle nicht passte. Deswegen schenkten sie mir eben jedes Jahr eine neue Puppe. Zu dieser Vorstellung, dass Frauen Herd und Kinder versorgen müssten, gehörte auch, dass Frauen weniger klug seien. Das lernte ich so in der Schule, und mein Großvater gab mir diese Lektion immer wieder mit. Ihn schienen meine guten Noten mehr zu ärgern als stolz zu machen, vor allem weil mein Cousin schlechtere Noten als ich hatte. Deswegen setzte er diesen unter Druck, mich notenmäßig auszustechen. Doch das spornte mich nur noch mehr an. Es war mir wichtig, dass der alte Mann unrecht hat. Dass mir das nicht wehgetan hätte, kann ich nicht behaupten. In dieser Zerrissenheit wurden mir Bücher und Bibliotheken beste Freundinnen. Meine Mutter war auf ihre Art stolz auf mein Lesefieber. Zugleich aber sah es meine Familie nicht gern, dass ich «zu viel Fantasie» hätte und meine Zeit «unnütz» verbringe. Denn das Lesen lenke mich von den eigentlichen Zielen ab, später eine gute Ehefrau und Mutter zu werden. Das ging so weit, dass meine Leidenschaft fürs Lesen als Verhaltensstörung abgetan wurde, die es zu kurieren galt. Also las ich sehr viel heimlich, unter der Bettdecke oder in der Bibliothek. Auch in meiner Schule verstellte ich mich. Die POS, die Polytechnische Oberschule, war so organisiert, dass alle Schüler*innen zehn Jahre lang den gleichen Stoff lernten, der so lange vermittelt wurde, bis möglichst alle ihn verstanden hatten. Wer eine Aufgabe gelöst hatte, musste schweigend und mit verschränkten Armen warten, bis alle fertig waren. Weil ich weder das noch als Streberin gelten wollte, löste ich die Aufgaben lieber doppelt. In eine Russisch- oder Matheschule, wo insgesamt ein schnelleres Lerntempo existierte, ließen mich meine Eltern nicht gehen: Aus ihrer Sicht war Mathe nichts für Mädchen, und ihre tief verinnerlichte anti-russische Diskriminierungshaltung verbot es, dass ich an eine Russischschule kam. So blieb ich zunächst zehn Jahre in einer POS, bevor ich für meine beiden letzten Schuljahre an eine Erweiterte Oberschule (EOS) kam, an der ich ein sehr gutes Abitur machte.

Insbesondere in der POS gab es viele Lehrer*innen, die dafür bekannt waren, die Seelen der Kinder mit cholerischen Wutanfällen zu belasten und dabei gelegentlich auch mit Schlüsseln zu schmeißen. Sexueller Missbrauch war nicht selten genug. Der Sohn eines Magdeburger Fußballstars (Europacupsieger 1974) war für sexistische Übergriffe bekannt, und als er eine Freundin von mir entführte und sie sexuell missbrauchte, lief es darauf hinaus, dass sie die Schule verlassen musste, um vor ihm sicher zu sein. Ich selbst wurde auch von ihm attackiert sowie auch von dem Sportlehrer wiederholt sexuell belästigt. Als ich meine Bio-Abi-Prüfung ablegte, sprach sich unter den Schülerinnen herum, dass der Biolehrer jeder Schülerin, die in den Experimentierraum kam, an die Brust fasste. Wer es noch anders lösen konnte, so wie ich, ließ die Aufgabe ausfallen. Einige wenige Eltern legten hinterher Beschwerde ein. Dem Biolehrer aber geschah nichts. Viele meinten, dass das so ausgegangen sei, weil er der SED-Parteisekretär der Schule war. Genau mit dieser Begründung hatten meine Eltern nicht mal versucht, Sicherheit für uns zu beanspruchen. Das war an sich nichts Neues für mich.

Sobald ich in die Pubertät kam, wurden sexuelle Übergriffigkeiten Teil meines Alltags. Das erste Mal, als sich mir ein mir unbekannter Mann gewaltsam und nackt näherte, ging ich noch zur Polizei. Weil sich deren Beweisaufnahme (im Hintergrund hing ein Nacktfoto einer Frau) aber als maximal voyeuristisch darstellte (ich sollte wiederholt den Penis des Angreifers beschreiben), machte ich diese schlimmen Erfahrungen künftig mit mir allein aus. Ich kannte insgesamt zu viele, die laut die Meinung vertraten, dass Frauen selbst schuld seien, wenn sie vergewaltigt werden, weil sie die falschen Wege gingen oder zu kurze Röcke trugen. Jedenfalls fühlte ich mich zunehmend auch schuldig und selbst verantwortlich für die sexuelle Gewalt, die ich erfuhr. Mich nicht aufzuregen, passte in die Erwartung an mich, «nice» zu sein.

Vor zwei Jahren fragten meine Kinder meine Mutter für ein «Oma erinnert sich»-Buch, wie sie sich an mich als Kind erinnere. Sie antwortete mit drei Worten: «Niedlich und brav». Auf die Nachfrage, ob es noch was gebe, was sie erinnere, folgte ein knappes: «Na, das reicht ja wohl.» Ich glaube, ja, ihr reichte das. Mir aber nicht. Deswegen musste meine Mutter mich «erziehen», und das tat sie, mit Johanna Harrer im Sozialisationsgepäck, mit nahezu täglichen Schlägen. Zuweilen drohte sie auch damit, mich ins Kinderheim zu stecken. Um die Drohung zu untermalen, rief sie dort an oder ließ meine Schwester das tun. Für mich war das normal. Ich schätzte mich sogar glücklich, weil ich dann eben doch nicht ins Heim musste und weil ich in der Regel nur Backpfeifen erhielt, während mein Freund von nebenan immer mit dem Gürtel auf den nackten Hintern geschlagen wurde. Nicht alle Kinder wurden in der DDR geschlagen, aber es war durchaus gängig. In extremen Fällen griff der Staat ein. Insgesamt aber war ein harter Erziehungsstil in der Familie als kleinster Einheit der Diktatur eine willkommene Unterstützung dafür, dass dessen Autokratie funktionierte, für die Indoktrination und Gehorsamkeit unabdinglich war. Ich denke, dass die Gewaltbereitschaft der Eltern, so wie meiner Eltern, bei der Erziehung der Kinder durch die Militarisierung der Gesellschaft befördert wurde und umgekehrt.

Weil die Jungen meiner Klasse ständig aus dem Unterricht gezogen wurden, um ihnen die Verpflichtung abzuverlangen, drei Jahre zur Armee zu gehen, war ich regelmäßig froh, ein Mädchen zu sein. Ganz aus dem Schneider war ich aber dennoch nicht. In einer Unterrichtsstunde in der siebten Klasse wurde unsere Meinung abgefragt, was wir als Mädchen tun würden, wenn unser Freund sich verpflichten würde, Berufssoldat zu werden. Das waren 10–25 Jahre Armee- und damit Lebenszeit. Und weil Berufssoldaten tatsächlich kasernennah mit ihren Familien leben konnten, inmitten anderer Berufssoldatenfamilien, hatte dies auch Auswirkungen auf das Leben der Ehefrauen. Für mich als 13-Jährige fühlte sich das wie ein ganzes Leben an. Natürlich fand ich das absurd und war mir ganz sicher, dass ich mir dies für meine Zukunft ganz und gar nicht vorstellen möchte. Doch ich war auch wohltrainiert. Und voller Angst. Insbesondere vor dem Lehrer dieser Unterrichtstunde, einem Werklehrer. Er war für seine aggressiven Grenzüberschreitungen bekannt. Einmal bin ich auf dem Schulhof geschlittert. Ohne dass ich es rechtzeitig sah, stellte er sich auf unsere Schlitterbahn, so dass ich mit ihm zusammenstieß. Ich hatte so starke Angst, dass ich mir vor Schreck in die Hosen machte. Mit dieser Angst im Gepäck log ich in der besagten Unterrichtsstunde und betete herunter, was von mir erwartet wurde: dass ich es super finden würde, wenn mein Freund dem Land so dienen würde und ich ihn natürlich bestärken und, wann immer möglich, begleiten würde. Meine Freundin hingegen war ehrlich und sprach davon, dass sie es nicht schön finden würde, ständig von ihrem Mann getrennt zu sein. Dafür erhielt sie eine Schulstrafe, einen «Tadel». Natürlich war sie dann auch sauer auf mich und dass ich sie allein mit der Wahrheit gelassen hatte. Aber sie verzieh mir bald, denn an sich war ihr das Lügen aus Angst oder Bequemlichkeit selbst ja auch nicht vollkommen fremd. Sie hatte hier nur nicht ihre künftige Liebe mit hineinziehen wollen.

Zu dieser Heiratsagentur, die junge Frauen mit Soldaten und Offizieren zusammenbringen sollte, passt wohl, dass ich mich wiederholt in Kasernen bewegen musste. Zum einen war ich in einem Chor, der plötzlich mit einem Soldatenchor zusammenarbeiten sollte und in einer Kaserne und zusammen mit Soldaten probte; zum anderen wurde ich als Lehramtsstudentin verpflichtet, zusammen mit Soldaten als Aufsicht in einem Kinderferienlager des Militärs zu arbeiten. Sexistischen Kommentaren und sexuellen Übergriffen war an diesen Orten nur schwer zu entgehen.

Mädchen und junge Frauen selbst wurden aber auch militärisch ausgebildet. Dafür diente die paramilitärische Massenorganisation «Gesellschaft für Sport und Technik» (GST) und «Zivilverteidigung» (ZV). Diese war auch für den Wehrunterricht an Schulen und Hochschulen verantwortlich. Hier lernten wir, Sirenentöne zu unterscheiden und wie wir uns vor einem Atomangriff schützen konnten, was natürlich eher der ideologietauglichen Angstmache als einem realistischen Schutz diente. Aber auch das Tragen von Gasmasken, Geländeläufe oder das Überwinden von Laufwänden gehörte dazu. In der POS und EOS waren dies eher einzelne Stunden oder Projektwochen in der Schule; wer studieren wollte, wurde in einen mehrwöchigen Lageraufenthalt gezwungen.

Wohl weil ich sportlich war, hatte der GST-Chef meiner EOS Interesse daran, dass ich der GST beitrat. Weil ich das nicht machte, bestrafte er mich. Er war auch mein Physiklehrer und rief mich am Tag nach meinem Nein an die Tafel für einen Test. In 30 Sekunden sollte ich zehn Fragen beantworten. Nachdem ich unter enormem Druck neun Fragen richtig beantwortet hatte, fragte er mich nach der physikalischen Einheit für die Kindersterblichkeitsrate. Im Leistungsdruckstress rief ich «Anzahl durch Zeit» aus. Der Physiklehrer nutzte dies, um sich mehrere Minuten lang vor der gesamten Klasse über meine fehlende moralische Reife auszulassen, und bewertete dann meinen Tafeltest mit einer Vier.

Auch im Matheunterricht (bei einschlägigen Sachaufgaben), im Deutschunterricht (durch ausgewählte Lesetexte) oder im Musikunterricht und Chor wurde militarisiert. Pazifistische Lieder wie die «Kleine weiße Friedenstaube» waren hier weitaus seltener als Lieder, die im Sinne des Slogans «Friede will bewaffnet sein» militaristisches Brainwashing betrieben. Kinder- und Pionierlieder, aus dem Russischen übersetzt oder neu geschrieben, übersetzten diese Botschaften in einfache Dur-Melodien mit höchstem Ohrwurm-Potenzial. Lieder wie «Unsere Heimat» oder «Über allen strahlt die Sonne» legten uns Kindern die «Bitte» in den Mund, den Frieden militärisch zu hüten. Ich habe diese Lieder so oft singen müssen, dass ich sie bis heute mitten aus dem Schlaf gerissen losträllern könnte. Eines meiner Lieblingslieder war «Wie ein Vogel zu fliegen». Die erste Strophe erzählt vom Traum, wie ein Vogel fliegen zu können. Dieser Traum wird in der dritten Strophe in das Vorhaben übersetzt, «Flieger» (und das hieß nicht Pilot oder gar Pilotin einer Zivilmaschine, sondern ein Kampfjetflieger) zu werden. Seine Melodie rührte mich zu Tränen. Das aber bedeutete auch, dass der kriegstreiberische Inhalt mein Herz erreichen konnte, auch wenn ich als Mädchen von dem Lied letztlich gar nicht gemeint war.

Ein wichtiger didaktischer Moment im DDR-Lehrplan war es aber, dass alle Schüler*innen um die 14 in ein als Gedenkstätte umgewidmetes Konzentrationslager fuhren. Diese Exkursionen wurden so gut wie nicht vorbereitet. Das führte dazu, dass viele Schüler*innen emotional wie kognitiv überfordert waren. Meine Klasse fuhr nach Buchenwald. Im Rahmen des Rundgangs wurden uns erst Fotos und dann ein Kurzfilm gezeigt. Zwar wusste ich vorher, dass in diesen Lagern das Überleben der Menschen nichts bedeutet hatte und sie inmitten von Hunger, harter Arbeit und ohne angemessene medizinische Behandlung leiden mussten. Und doch war es noch mal etwas ganz anderes, dieses Grauen an einzelnen Toten festgemacht visuell zu erleben. Bis zu diesem Zeitpunkt war ich vielleicht 30 Mal im Kino gewesen. Ich hatte also gar keine Sehroutine, und so schlugen die bewegten Bilder umso heftiger ein. Wegzuschauen war keine Option. Politisch nicht. Aber auch, weil ich FSK-gerecht aufgewachsen war und noch nie einen Film gesehen hatte, bei dem ich hätte wegschauen wollen. Diese Gewalt so ungebrochen zu sehen, überforderte mich und meine Klassenkamerad*innen. Es war üblich, dass Schulklassen am Ende der Führung einen Kranz des Gedenkens ablegten. Um dies zu tun, musste unsere Gruppenratsvorsitzende (so hieß, wen die Pioniergruppe zur Sprecherin wählte) einen kleinen Hügel erklimmen und den Kranz dort niederlegen. Als sie oben stand, begann sie zu kichern. Nicht etwa, weil sie irgendetwas lustig gefunden hätte. Dieses Lachen war eines, das schmerzte, das aufschrie, das sich aber nicht stoppen ließ. Wie ein Lauffeuer erreichte es viele von uns, auch mich. Niemandem war nach Lachen zumute. Doch in dem Kichern, das wir bekämpften, ohne es zu besiegen, entlud sich die massive Anspannung, die auf unserer Seele lastete. Ich habe immer wieder gehört, dass dies auch anderen passierte. In unserem Fall wurde unsere Gruppenratsvorsitzende am nächsten Tag getadelt und aus ihrer Funktion entlassen. Kurz darauf malte ein Mitschüler ein Hakenkreuz in sein Heft. Er war kein Nazi, fand den Nationalsozialismus auch nicht toll. Er machte dies aber, wie er uns, seinen Mitschüler*innen, erklärte, weil er Lust hatte, die Lehrer*innen zu provozieren. Er erhielt einen Tadel. Aufgearbeitet, kritisch besprochen oder eingeordnet aber wurde weder seine Aktion noch unser kollektives Trauerkichern. Die Strafen sollten für sich sprechen und das Darüber-Sprechen ersetzen; am Ende aber rückten sie dem nationalsozialistischen Schreckgespenst viel zu wenig zu Leibe.

Der Kolonialismus wiederum wurde als Makel des Imperialismus verurteilt. Doch konkret wurde wenig über den deutschen Kolonialismus gesprochen. Ich kann mich aber noch erinnern, dass ich mich wunderte, dass Karl Marx die britische Kolonisierung Indiens befürwortete. Ganz im Sinne des «Proletarier aller Länder, vereinigt euch» glaubte er, dass es erst einer Arbeiterklasse bedürfe, bevor es zur Revolution kommen könne. Der spätere Marx erkannte in der Debatte mit Wera Sassulitsch, dass der Klassenkampf auch ohne eine Arbeiterklasse heranreifen würde. Und obwohl dies nicht in eine dekoloniale Position mündete, lehnte ich mich mit dem Marxismus-Freibrief in der Überzeugung zurück, dass ich in der DDR keinerlei Verantwortung für Kolonialismus trage. Zwar unterstützte die DDR antikoloniale Befreiungskämpfe, doch war dies immer auch davon getragen, dass der «Kalte Krieg» in afrikanischen Ländern heiß ausgefochten wurde.

Noch etwas dominierte die Erziehung, die ich erfuhr. Die Anstiftung zum Lügen. Meine Eltern waren klassische Opportunist*innen. Mir wurde beigebracht, dass ich der SED-Propaganda immer recht geben solle. Wir schauten fast nur Westfernsehen, also ARD, ZDF und NDR. Wenn es dann aber an der Tür klingelte, wurde zuerst auf DDR-Fernsehen umgeschaltet, bevor die Tür geöffnet wurde. Doch beim Gespräch, in dem meine Eltern für meine Schwester um einen Platz am Institut für Lehrerbildung vorsprachen, verriet ich uns. Ich war sechs und mir war fürchterlich langweilig. Deswegen schnappte ich irgendwann den Hut meines Vaters und setzte ihn mit einem «Guten Abend!» auf, dass die Mainzelmännchen nachahmte. Jetzt hatte ich verraten, dass wir ZDF und damit Westfernsehen schauten. Meine Eltern bestraften mich und behaupteten, dass sie dafür ins Gefängnis kommen könnten. Für die Zukunft war ich nun gewappnet. Als wir etwa in der Schule getestet wurden, ob wir bei uns Zuhause die «Tagesschau» oder die «Aktuelle Kamera» schauten, malte ich (durch meine Eltern effektiv vorgewarnt) die Uhr der «Aktuellen Kamera» mit Punkten und Strichen auf, obwohl wir diese Sendung nur dann sahen, wenn mein Vater sich auf ein Ereignis in seiner SED-Parteigruppe vorbereiten musste. Meine Eltern brachten mir bei, dass Lügen ein Überlebenskonzept sei. So wurde mir das Verstecken der eigenen Meinung zur Normalität gemacht. Das fühlte sich umgekehrt für mich irgendwann so an, ständig mit einem Bein im Gefängnis zu stehen. Was passiert, wenn ich aus Versehen doch mal die Wahrheit sage – über unser Fernsehverhalten oder darüber, keinen Offizier der Nationalen Volksarmee heiraten zu wollen?

So erklärte ich es diktaturgeschädigt ab ca. neun Jahren zu meinem wichtigsten Lebensziel, nicht ins Gefängnis zu kommen. Mein Gerechtigkeitsempfinden war durch die Bejahung von Lügen und Gewalt und die Bestrafung von Wahrheit stark irritiert. Dass immer jemand von der Stasi mit am Küchentisch oder im Klassenzimmer saß, war ein von der SED-Diktatur geliebtes und befördertes Gerücht. Deswegen galt es als ‹mutig› zu sagen, was man denkt. In der vierten Klasse habe ich mich meiner Lehrerin gegenüber empört, dass Irma Vater (nach ihrem Vater Albert Vater war meine Schule benannt) mit vier Autos aus Berlin kam, um meine Schule zu besuchen, während meinem Vater das Dienstauto weggenommen wurde, weswegen er nunmehr schon um 5 Uhr morgens aufstehen musste und erst um 18 Uhr wieder zu Hause war. Meine Lehrerin sagte, dass es sehr mutig sei, dass ich dies sage. Wie minimalistisch dieses Verständnis von Mut war, sagt viel über das Fehlen von eben diesem und damit auch der Zivilgesellschaft in der DDR aus.

Gefängnis drohte aber auch, wenn eine Person einen Ausreiseantrag stellte oder anderweitig aus der DDR flüchten wollte. Oder gar der Tod. Im letzten Jahr meines Abiturs, 1986, wurde ein Schulkamerad vom Grenzregime des Sowjetblocks ermordet. Panik vor der Armee war für Hartmut Tautz der Tropfen in Richtung Entscheidung, über die tschechoslowakische Grenze in die Freiheit fliehen zu wollen. Dort wurden Hunde auf ihn gehetzt. Heute weiß ich, dass er verblutete, ohne dass Rettungsversuche unternommen wurden. Auch ohne dieses Wissen war ich in einer Schockstarre. Neben dem Verlust schmerzte, wie die Schule reagierte. Die Diktaturerzählung sprach davon, dass Hartmut eine Tat begangen hätte, durch die er seinen Tod selbst zu verantworten habe. Drohungen gegen alle, die dies anders erzählten, lagen auf dem Tisch. So empörten wir uns nur flüsternd, leise, Zuhause, hinter vorgehaltener Hand. Mehr trauten wir uns nicht. Die Familie unseres Freundes blieb völlig isoliert in ihrem Schmerz. Meine Eltern hatten es mir verboten, zu ihnen zu gehen. Dafür, dass ich ihr Verbot befolgte und später nur unter einem Vorwand vorbeiging, ohne mich klar zu positionieren, schäme ich mich bis heute. Doch diese Scham weckte mich. Tief unter meinem Opportunismus begann ich, mich von der DDR zu entfremden. Für mich war klar, dass ich dafür Magdeburg und den Dunstkreis meiner Eltern verlassen musste.

Schon seit ich zwölf, vierzehn war, wollte ich nach Berlin in den Prenzlauer Berg ziehen. Mit 16 wusste ich auch, warum: Hierhin zog es so manche, die mit der DDR nicht klarkamen. Weil meine Eltern dagegen waren, dass ich überhaupt studierte, musste ich den Kompromiss heraushandeln, Lehrerin zu werden. Das passte gerade noch in ihre Hauptzielsetzung, aus mir eine vollwertige Ehefrau und Mutter zu machen. Dann suchte ich mir die einzige Fächerkombination aus, die nicht an der Magdeburger TU studierbar war und durfte dann an der Berliner Humboldt-Universität das «Diplomlehrer-Studium» für Deutsch und Englisch aufnehmen. Am ersten Tag musste ich, sonst wäre schon hier mein Studium zu Ende gewesen, mehr als zehn Unterschriften leisten. Eine davon verpflichtete mich, nach Abschluss des Studiums an einer mir vom Staat zugewiesenen Schule zu arbeiten. Das schloss ein, dass alle Nicht-Berliner*innen nach dem Studium Berlin wieder verlassen mussten – es sei denn, sie hätten bis dahin einen Hauptwohnsitz in Berlin. Das aber war nur durch einen Arbeitsvertrag in Berlin oder eine Heirat mit einem Berliner zu erlangen. Mit diesem Ziel tauchte ich in die Berliner Disco-Szene ebenso ein wie in das Studium.

Im zweiten Studienjahr unterrichtete ich Deutsch als Fremdsprache für mosambikanische Arbeiter. Sie wurden in ein Wohnheim im Ost-Berliner Hans-Loch-Viertel gequetscht und erfuhren tagtäglich verbale und tätliche Übergriffe. Eine umliegende Kneipe stellte ein Schild ins Fenster, auf dem stand, «N. dürfen hier nicht rein.» Ich ging zur Polizei und wollte dies anzeigen. Doch mir wurde gesagt, dass ich das nicht anzeigen könne, weil es keinen Rassismus in der DDR gäbe und er folglich auch nicht anzeigbar sei. Es könne halt nichts geben, was es nicht geben dürfe. Das betraf analog dazu auch Sexismus. Schon sexuelle Belästigung war alles andere als leicht zur Anzeige zu bringen. Feministisch-emanzipative Forderungen aber waren ein Staatsärgernis.

Ab 1987 war ich Teil eines feministischen Lesezirkels. Geleitet wurde er von zwei Londoner Kommunistinnen, Sabine Nathan und Hanna Behrend, die in die DDR gezogen waren. Sie durften regelmäßig nach London fahren, und wir durften ihnen Buchwünsche mitgeben, die sie in der Regel erfüllten. Als ihre Parteigruppe auf unsere Gruppe aufmerksam wurde, wurde Sabine Nathan von einem Gremium vorgeladen, das klären wollte, ob wir uns als Feministinnen und damit widerrechtlich trafen. Sabine Nathan musste erklären, dass wir keine feministische Gruppe waren, um sich vor

Sanktionen zu schützen. Ich erinnere mich, wie verstört sie darüber war, wie enttäuscht. Jedenfalls hatte sie auch eine gehörige Portion Angst bekommen. Fortan trafen wir uns dann offiziell als «Lesezirkel Arbeiterliteratur» weiter und lasen britische Arbeiterliteratur ebenso wie feministische Literatur aus aller Welt.

Nicht zuletzt dank dieser Treffen träumte ich davon, London zu sehen. Und die Welt. Weiter als nach Bulgarien aber ging es für mich nicht. Deswegen fuhr ich am liebsten mit dem Zug in meinen jährlichen Bulgarienurlaub mit Zwischenstopp in Budapest, weil sich dadurch der bereisbare Raum gefühlt vergrößerte.

Wegen meines Traums, die Welt zu sehen, schrieb ich mit Anfang 20 eine informelle Bewerbung an das Außenministerium und teilte ihnen meinen Wunsch mit, Diplomatin werden zu wollen. Ich war total überrascht, als ich daraufhin zu einem Termin eingeladen wurde. Mir schien nicht mal der Gedanke absurd, dass ich auch verhaftet werden könnte. Meine Freundinnen begleiteten mich in die Straße «Unter den Linden» und bis vor die Tür des Außenministeriums. Von hier wurde ich von einem bewaffneten Mann in ein Büro geführt. Dort saß ein Mann, der sich für meinen Brief bedankte. Er hatte eine Mappe vor sich und reichte mir diese. Was mir entgegenschlug, waren Gesichter von Männern über 30. Ich solle mir einen aussuchen, dann könnte ich diesen Mann als Diplomatenehefrau begleiten. Ich bemühte mich um Fassung, doch diese fiel mir aus meinem Gesicht. Ja, die DDR konnte mich noch immer überraschen. Sollten nicht Frauen auch selbst Diplomatinnen sein dürfen? Das ginge leider nicht, war die Antwort, weil die anderen Länder Frauen nicht akzeptieren würden. Ich stand auf und im gegenüberliegenden Café empörten sich meine Freundinnen und ich noch lange über diesen Widerspruch von feministischem Schein und sexistischem Sein der DDR.

Jetzt drohte mir doch das Dorf in Thüringen, in dem mir eine Stelle als Lehrerin zugewiesen wurde. Entsprechend versuchte ich, einen Ausweg zu finden. Diesen aber bot nur ein Forschungsstipendium für eine Doktorarbeit. Zu promovieren war genau das, wonach ich mich sehnte. Doch für einen anglistischen Jahrgang gab es maximal drei Forschungsstipendien. Als mich Hanna Behrend, die den informellen Lesezirkel leitete, dafür nominieren wollte, band sie dies an die Bedingung, dass ich in die SED eintrete. Das wollte ich nicht, und sie nominierte dann ein SED-Mitglied stattdessen.

Das ärgerte und bewegte mich. Das machte mich offener, und ich begann, Menschen kennenzulernen, die nicht so opportunistisch lebten wie ich. Weil sie Punks waren oder Breakdance öffentlich aufführten, wurden sie regelmäßig verhaftet und in der U-Haft auch geschlagen. Als mir einer dieser Freunde erzählte, dass er von der Polizei in der Zelle zusammengeschlagen worden sei, glaubte ich ihm kein Wort. Er musste mir erst seine blauen Flecke zeigen, die am ganzen Körper zu sehen waren, bevor ich seinen Worten – immer noch zögerlich – traute. Das war nicht besonders loyal von mir. Heute frage ich mich, wieso ich zu diesem Zeitpunkt noch immer glauben konnte, dass es keine Polizeigewalt gegenüber Andersdenkenden in der DDR geben könne – obwohl ich inmitten von Repression und Gewalt aufgewachsen war. Wahrscheinlich ist es genau anders herum. Ich konnte und wollte das nicht sehen, weil ich inmitten von Repression und Gewalt aufgewachsen war. Meine Eltern hatten mich dazu erzogen, keine Fragen zu stellen und den Staat so zu nehmen, wie er ist. Das taten sie immer mit der Drohung, dass ich ansonsten kein Abitur machen könne oder gar im Gefängnis landen würde. Im Ergebnis hatte ich wohl sogar meine Gedanken so stark zur Unfreiheit trainiert, dass ich es einfach nicht wagte, hinter die Narrative des autokratischen Staates und meiner opportunistischen Erziehung zu schauen. Das aber begann ich fortan zu ändern – auch befördert durch weitere Schlüsselerlebnisse.

1988 flüchtete eine Kommilitonin von mir. Sie überlebte. Dieses Mal wurde uns keine Stellungnahme in den Mund gelegt, ohne uns zu fragen. Sie wurde uns durch aktives Handeln abverlangt. Als Seminargruppe sollten wir uns von der Geflüchteten distanzieren. Im vorgegebenen Wortlaut. Es gab eine Abstimmung, und die fiel knapp gegen eine Distanzierung aus. Neben mir hatten 14 andere von uns gegen die Distanzierung gestimmt. Am nächsten Tag mussten wir eine Klausur schreiben. Vor dem Eingang wurden alle 15 mit der Drohung festgehalten, dass wir die Klausur erst schreiben dürften, wenn wir uns von D. distanzierten. Einige knickten ein. Nun gab es ein Patt. Gleich viele Stimmen für Verurteilung und dagegen, diese auszusprechen. An dieser Stelle machte unser Seminarleiter Henner B. (an DDR-Unis gab es so etwas wie Klassen, also Seminargruppen, die zugleich auch FDJ-Gruppen waren; und so etwas wie Klassenleiter, also Seminarleiter), dass er ja auch in der FDJ sei und deswegen stimmen dürfe. Er war über 40; und doch kippte er unser Votum in Richtung Verurteilung (im wiedervereinigten Deutschland machte er universitäre Karriere – ein gutes Beispiel, wie abwegig allein die Orientierung in der Überprüfungspraxis auf Stasi-Mitarbeit war). Mehr und mehr verschreckte mich das antifreiheitliche Mantra der Lügenrepublik DDR. Der Westen war dabei immer das einzige Gegenbild. Ein anderes kannte ich nicht. Deswegen brauchte ich ihn, ohne dass er mir guttat. Weil er das weder wollte noch konnte.

In den Westen reisen – ohne anzukommen

In meinen Gedanken reiste ich ständig in den Westen. Nur wenn ich die True-Crime-Doku «Aktenzeichen XY ungelöst» schaute, waren das die einzigen Momente, in denen ich froh war, dass ich hinter einer Mauer lebte. Die Fälle wurden so detailgetreu nachgestellt, dass ich meine Fenster und Türen verriegelte. Doch was dann wirklich half, war der Gedanke, dass diese ganzen in der Bundesrepublik frei herumlaufenden Mörder und Vergewaltiger zum Glück nicht in den Osten kommen wollen – und selbst wenn, dann würden sie es nicht schaffen. «Dank» der Mauer.

Umgekehrt hatte ich beim Fernsehprogramm immer das Gefühl, dass es auch für mich da war. Immerhin wurde jeden Sonntag das Fernsehprogramm für die nächste Woche zum Mitschreiben diktiert. Viele Moderator*innen begrüßten uns im Osten direkt. Als Kind und Jugendliche verbrachte ich gut und gerne drei Stunden täglich mit dem Westfernsehen. Vom Vorabendprogramm «Bonanza» oder «Heidi» über die Nachrichten bis hin zum Abendprogramm, ob nun Spielfilme oder Rateshows, ich liebte es, per Fernseher in den Westen zu reisen. Mein absolutes Highlight war «Disco» mit Ilja Richter. Doch das Zugehörigkeitsgefühl, das ich mir hier erschummelte, war letztlich trügerisch. Denn schaute ich Bundestagsdebatten, fühlte es sich an wie eine andere Welt. Und die Produktwerbung schloss mich ebenso aus. Nichts davon würde ich mir je kaufen können.

Einmal bekam ich ein Westpaket mit ca. 50 Raider. Das war einer der glücklichsten Tage meiner Kindheit. Blöd war nur, dass meine Mutter diesen «Reichtum» verwaltete und ich nur einmal in der Woche ein Raider bekam, so dass die letzten bereits ranzig schmeckten. Einmal in der Woche ging ich mit meiner Mutter in den Intershop. Das war immer auch etwas «mutig», weil unerwünscht. Denn weder schickte es sich, sich nach Westprodukten zu sehnen, noch war es angemessen, Westgeld zu haben, das ja meist nur von unerwünschten Westkontakten herrühren konnte. Wir hatten so gut wie keines und gingen nur in den Intershop, um den Westen mal schnuppern zu können. Manchmal konnten wir uns auch ein TicTac für 50 westdeutsche Pfennige leisten. Die Verpackungen sammelte ich und stellte sie in meinem kleinen Zimmer aus. Weil ich Fan der Band «Kool and the Gang» war und es von dieser Band 1987 nur eine Platte im Osten gab, die ich aber nicht bekam, stellten meine Mutter und ich uns einmal stundenlang neben den Verkaufstand, bis jemand die Platte kaufte. Wir drückten ihm dann eine Kassette, unsere Adresse und den Wunsch in die Hand, dass er mir die Platte überspielen möge. Dass er das auch tat, schenkte mir viele glückliche Stunden. Als meine Oma Rentnerin wurde und in den Westen fahren durfte, bat ich sie, mir Bücher mitzubringen. Zunächst kaufte sie irgendwelche vom Discounter-Ramschtisch. Irgendwann aber wagte ich, genauer zu wünschen, und sie brachte mir sogar das OLD mit, das *Oxford Language Dictionary.* Der Verwandte, der es bezahlt hatte, ließ mir aber ausrichten, dass ich «sein Geld» das nächste Mal besser investieren solle. Und genau dies war die Überlegenheitsattitüde, die oft mit Paternalismus, Mitleid und Ablehnung zugleich gewürzt war, die mich schmerzte und mir zuzurufen schien: Sei dankbar. Du brauchst uns, wir dich aber nicht. Das war oft sehr materiell gemeint, ging aber immer auch tiefer.

Ich erinnere mich an eine Tante aus Hannover, die uns mit ihrem Toilettenpapier im Gepäck besuchte. Sie sagte, dass sie das aus der DDR nicht nutzen könne, und verbot mir, ihr Toilettenpapier zu verwenden, damit es für ihre gesamte Reise reiche. Ich sei ja ohnehin an das Schmirgelpapier gewöhnt. Vielleicht steckte in ihrer egoistischen Handlung eine Kritik daran, dass die SED-Diktatur zufrieden damit war, ihre Menschen einfach nur basal bis schlecht zu versorgen. Mich aber trafen die Worte ganz persönlich. Ich war empört. Was hat die denn? So viel besser konnte ihr Klopapier doch auch nicht sein! Trotzig wagte ich es, mir eine Lage abzureißen, nur um sie Lügen zu strafen. Natürlich bemerkte ich den Weichheitsunterschied. Aber ich wollte und konnte ihn nicht wahrhaben. Die Erkenntnis hätte meine reale Lebenssituation ja auch nicht verbessert, sondern nur noch verschlechtert. Deswegen beschloss ich, dass es Wichtigeres gebe als weiches Toilettenpapier. Vor allem aber lehrte mich diese Situation, dass es für Leute wie meine Tante völlig klar war, dass ich nicht zu ihrer Welt gehörte.

Solche Erfahrungen summierten sich in meinem eigenen Leben oder auch dem von anderen: Ein Bekannter von mir durfte in den 1980ern nach New York reisen. Dort gab er einem Obdachlosen einen Dollar und kam mit ihm ins Gespräch. Als der Obdachlose begriff, dass der Gebende aus der DDR kam, gab er ihm den Dollar zurück und bedauerte ihn, wie schrecklich er es doch habe. Nicht etwa wegen der Diktatur. Nein, wegen der Armut der DDR. Wohl wegen dieser geschah es mir auch häufig, dass irgendwelche in die Jahre gekommenen westdeutschen Männer glaubten, mir Westgeld für Sex anbieten zu können – vor allem auf meinen Reisen in Ungarn oder Bulgarien, aber auch in Berlin auf offener Straße. Mein Onkel, der 1960 in den Westen geflüchtet war, heiratete wiederholt junge und gut ausgebildete Frauen aus der DDR oder Bulgarien, die zu ihm in den Westen zogen, ohne ihn zu lieben –

und ihn dann auch bald wieder verließen. Als Kind fand ich das nur komisch, als junge Erwachsene widerwärtig.

Neben dieser Arroganz und Übergriffigkeit erfuhr ich auch Mitleid dafür, dass ich ja nicht reisen, niemals New York sehen oder frei sein könne. Das sei ja unvorstellbar, hörte ich, das müsse ja schrecklich sein. Das traf einen wirklich wunden Punkt in mir, und da ich diesen nicht fühlen wollte, musste ich mich vor dem Schmerz schützen. Das tat ich etwa, indem ich mal zwei Bundesbürger*innen, die mich bedauerten, dass ich die Welt nie sehen würde, sagte, dass es angesichts der Größe des Universums eigentlich egal sei, ob ich nun bis an die Grenze des Ostblocks oder in andere Kontinente reisen könne. Ich glaube, sie dachten, ich sei ein Weirdo. Doch es war dieser Cocktail aus Arroganz und Mitleid, welcher dazu führte, dass ich in Begegnungen mit Westdeutschen manchmal die DDR verteidigte, ohne das eigentlich so zu denken oder zu fühlen.

Manchmal aber hatte ich auch gar keine andere Chance, als dies zu tun. Die Diktatur hatte mich in eine Ecke gestellt, in der es einen begrenzten Navigationsraum gab. Ich versuchte mein Leben zu lieben, in einem Land, das ich nicht mochte. Deswegen mochte ich es auch nicht, so behandelt zu werden, als sei ich selbst für alles verantwortlich. Natürlich war ich das immer auch. Aber ich war das innerhalb eines begrenzten Rahmens, den mir die SED-Diktatur vorgab. Eine meiner peinlichsten Erinnerungen diesbezüglich betrifft genau dieses Spannungsfeld.

Parallel zu meinem Studium machte ich eine Ausbildung zur Stadtbilderklärerin in Ost-Berlin. Ich liebte Berlin und war sehr glücklich, historische Fakten über Straßen und Gebäude zu erlernen. Am Ende der halbjährigen Intensiv-Ausbildung mussten wir alle einen kompletten Tour-Text selbst verfassen und auswendig lernen. Wie bei allem, das Außenwirkung haben sollte, gab es dabei die Verpflichtung, ideologische Propaganda und entsprechend vorgegebene Textbausteine einzubauen. Ich hatte die Wahl, den Job nicht zu machen oder mich damit zu arrangieren. Damals wie heute fühlen sich die vorgegebenen Textbausteine nach Mitschuld an. Diese war mir peinlich, und doch betrog ich mich mit der Lösung, dass es doch möglich sei, den ideologischen Mist auf ein Minimum reduziert zu lassen und andere schöne Sachen zu sagen.

Vor der Tour war ich super aufgeregt. Als 21-Jährige mit einem Mikro einen Zweistöcker zu bespaßen, war schon aufreibend genug. Zu wissen, dass regelmäßig eine Person drin saß, die als Tourist*in getarnt überprüfte, ob wir ideologisch auf Linie blieben, machte das noch schlimmer. Auf meiner vierten Tour wurde mir eine Reisegruppe von Professoren aus Köln zugeteilt. Ich war noch nervöser als sonst. Um den mir vorgeschriebenen Ideologiemist noch weiter minimieren zu können, sagte ich dem Busfahrer eine veränderte Streckenführung an. So konnte ich das Staatsratsgebäude meiden und das Brandenburger Tor, an dem es einen Pflichttext zum «antifaschistischen Schutzwall» gab. Das Brandenburger Tor auszulassen, war natürlich ein Fauxpas. Zudem musste ich den Text für den veränderten Tourplan während der Fahrt erfinden. In meiner Improvisation pries ich es als Tugend Ost-Berlins an, dass alle Orte unter einer Stunde zu erreichen seien. Das ist natürlich bestenfalls provinziell. Ich glaube, die Kölner Professoren nahmen es als Verteidigung der Mauer wahr. Jedenfalls war es ein schreckliches Erlebnis, nach Ende der Fahrt an der Bustür zu stehen (was eine Auflage war, um die Fahrgäste zu verabschieden) und von jedem einzelnen Gast ignoriert oder beschimpft zu werden. Ich nahm mit, dass ich gescheitert war. Ich kündigte den Job. Mir war das alles so peinlich. Zugleich aber war ich auch verletzt. Wussten die denn nicht, was in einer Diktatur möglich ist und was nicht? Hätten sie denn nicht wenigstens wahrnehmen können, dass ich nicht nur opportunistisch, sondern auch etwas mutig gewesen war? In diesem Moment stellte sich mir das erste Mal die Frage: Wie hätten denn diese Professoren sich entschieden, wenn sie in einer Diktatur aufgewachsen wären? Hätten sie dann alle auf ihre Karriere verzichtet oder sich nicht doch mit dem Regime arrangiert? Wer nie in dieser Moralfalle einer Diktatur saß, kann das letztlich nicht hundertprozentig wissen.

Ein noch weitaus extremeres Beispiel ist Folgendes: Ein Bundesbürger erzählte mir mal empört, dass er einen Taxifahrer in Peking auf seine Regierung angesprochen und dieser ihm nicht geantwortet habe. Ja, verstand er denn nicht, welchem Risiko er den Taxifahrer allein schon mit der Frage aussetzte? Der Ärger, den ich hier spürte, war auch der alte Ärger über die Arroganz der Kölner Professoren, die meine Stadtführung mit nichts als Verachtung gestraft hatten. Inmitten dieser Zerrissenheit nahm ich die Chance wahr, im September 1989 in den Westen zu reisen.

Weil ich angepasst gelebt hatte, kam ich im September 1989 in den Genuss der Ausnahmeregelung, zum 50. Geburtstag meines Onkels Bodo zu fahren, der seit seiner Flucht aus Brandenburg im Jahr 1960 erst in Essen und dann in Krefeld lebte. Seinetwegen hatten sich die vier Brüder zerstritten. Der älteste Bruder meines Vaters, Manfred, rühmte sich damit, dass er der Karl-Eduard von Schnitzler der «Leipziger Volkszeitung» sei. Seine Kinder durften kein Westfernsehen schauen, und Schokolade aus dem Westen war tabu. Bei den wenigen Familienfeiern, zu denen Bodo anreiste, gab es immer Streit. Ich kannte Bodo auch aus einem Bulgarienurlaub als Person, die nie müde wurde, die DDR als Drecksland zu bezeichnen und über Italiener oder Roma (er gebrauchte ein rassistisches Wort) als «Schmarotzer» zu fluchen. Zu meiner Jugendweihe schenkte er mir eine goldene Kette mit einem Kreuz. Obwohl weder er noch ich christlich waren, sollte ich sie zur Jugendweihe tragen, um den Staat zu ärgern. Das «wünschte» er sich von mir, und ich tat es. Nach eigenem Protest aber fühlte sich das nicht an, zumal die Kette unter meinem Kleid eh nicht zu sehen war. Manfred hatte ich sie auch nicht gezeigt.

Vor meiner Reise nach Krefeld zitierte mich der Prorektor der Humboldt-Universität, Dieter Klein, zu sich, um mir mitzugeben, im Westen hinter die Kulissen zu schauen. Ich hatte gerade eine Seminararbeit über die Neue Armut in der Bundesrepublik geschrieben und fühlte mich dafür etwas gewappnet. Am meisten überrascht war ich aber über mich selbst. Kurz nachdem der Zug die Grenze bei Marienborn überquert hatte, widmete ich mich wieder meinem Buch. Ich fand den Westen gar nicht so spannend wie meine Eltern, die sich dieses Mal wohl zu Recht darüber empörten, dass ich lieber ins Buch als aus dem Fenster schaute. Mich lockten eher London, Paris, New York – nicht die westdeutsche Provinzialität mit ihren Einfamilienhäusern, die ich aus dem Zug sah. So kamen wir in Krefeld bei meinem Onkel an. Er gab einfach mit allem an, seinem Mercedes, seiner wieder mal viel zu jungen Frau, seinem Haus. Kaum hatten wir dieses betreten, zappte er auf seinem Fernseher herum, um damit anzugeben, wie viele Fernsehprogramme er habe. Danach ging es zur Düsseldorfer Prachtstraße «Kö». Er fragte nicht, was wir essen wollten. Er bestellte einfach Miesmuscheln für alle. Das war mächtig teuer für einen Fließbandarbeiter. Deswegen verstand er auch keinen Spaß, als ich sagte, dass mir diese Miesmuscheln überhaupt nicht schmeckten. Meinen Eltern war das peinlich, und alle zusammen zwangen mich, den Miesmuschel-Luxus runterzuwürgen. Wirklich beeindruckt war ich nur davon, dass Simone de Beauvoirs feministisches Manifest *Das andere Geschlecht* in der Düsseldorfer Bahnhofsbuchhandlung herumstand und ich mir dieses sogar noch nach 22 Uhr kaufen konnte. Ich gab mein gesamtes Geld aus. Was gab es Schöneres, als dieses Buch immer bei sich haben zu können. Mein Onkel war darüber empört und kündigte an, mir nicht noch mal «Taschengeld» zu geben.

Wir fuhren von meinem Onkel unerlaubterweise weiter nach München zu einer Freundin meiner Mutter. Wir hatten uns nur den Regionalexpress-Tarif leisten können und zuckelten gefühlt ewig durchs Land. Von München aus führte uns das Touri-Programm an Tag eins ins Schloss Neuschwanstein und an Tag zwei zum Oktoberfest. Ich kann nicht behaupten, dass ich eins davon mochte. Zu meinem Glück hatte ich mich in München auch mit der US-amerikanischen Studentin Boone verabredet, die ich in Berlin kennengelernt hatte. Zusammen mit zwei Freundinnen hatte ich eine Reisegruppe US-amerikanischer Studierender, die in der Bundesrepublik ein Auslandsjahr verbrachten, betreuen dürfen. Das schloss ein, am Ende einen Bericht darüber schreiben zu müssen. Ohne dass uns das jemand sagte, schien es irgendwie klar, dass dieser Bericht für die Stasi war. Das hatten wir, um uns weniger schuldig zu fühlen, mit Boone offen geteilt und zusammen einen Bericht verfasst, in dem wir uns den Spaß machten, uns nur auf Allgemeinplätze zu konzentrieren (etwa: «und dann gingen wir zum Fernsehturm»), die unserer Meinung nach für die Stasi uninteressant waren. Davon wohl in der Annahme bestärkt, dass ich die DDR verlassen möchte (explizit geredet hatten wir darüber nicht), hatte Boone mir ohne mein Wissen einen Wohnheimplatz reserviert sowie ein Gespräch organisiert, das mir den Weg zu einem Studienplatz an der Münchner LMU ebnen sollte. Das erzählte sie mir, als wir uns während meiner Reise in München trafen.

Nie zuvor war ich in meinem Leben so zerrissen. Zu bleiben, hätte mir die Chance auf etwas geboten, das ich mir wünschte: Germanistik (ohne Lehramt) zu studieren und dann in diesem Fach zu promovieren – und ein Leben in Freiheit. Aber es bedeutete auch die Trennung von allen mir wichtigen Menschen. Meine Mutter war umgekehrt genau deswegen auch nicht für diese unerwartete Flucht. Mein Vater verweigerte jedes Gespräch mit mir. Mein Bleiben hätte ihm wohl nicht nur das Herz gebrochen, sondern auch seinen Posten als Betriebsleiter gekostet. Boone und die Freundin meiner Mutter allerdings waren sich einig: Was willst du denn «drüben»? Versauern? Wirf doch nicht dein Leben weg!

Ohne mich entscheiden zu können, stieg ich in München in den Zug gen Osten. Ich tat so, als würde ich nur für meine Eltern zaudern. In Wahrheit aber tat ich es für mich selbst. Denn ich war überfordert von der Situation. Von München bis kurz vor Hannover schaute ich nun doch aus dem Zugfenster und beweinte schmollend die Wahl, entweder ohne Freiheit oder ohne alles, was ich bislang kannte, leben zu müssen. Plötzlich kam mein Vater zu mir, zog seine Brieftasche aus seiner Jacke und sagte: «Hier, mehr haben wir nicht. Aber es ist ein Anfang. Mach es! Fahr zurück nach München.» Im Portemonnaie waren 560 DM. So viel Westgeld hatte ich noch nie auf einem Haufen gesehen.

Genau in diesem Moment beschloss ich, aus meiner Geburt in der DDR eine Zugehörigkeit zu diesem Land zu basteln. Ich entschied, in die DDR zurückzufahren, dort aber fortan Widerstand zu leisten, um den Einheitsbrei aufzustören. «Wer sich nicht bewegt, spürt seine Fesseln nicht», war ein Satz des DDR-kritischen Milieus, den ich erst kennenlernte, nachdem ich mich nun endlich zu bewegen begann und mich nicht mehr selbst betrog, um die Fesseln ignorieren zu können.

Wie nötig das war, zeigte auch, wie mich «mein Land» empfing. Meine Eltern waren in Hannover ausgestiegen, weil sie noch ein paar Visums-Tage mehr als ich bekommen hatten und dort entfernte Verwandte meiner Mutter besuchen konnten. Fast alle anderen Fahrgäste stiegen dann im Bahnhof Zoo aus. Kurz danach stellten sich zwei bewaffnete Soldaten vor das Zugabteil, in dem ich saß, um mich an der Friedrichstraße zur Grenze zu geleiten. Ich kochte innerlich über diesen Unsinn. Wenn ich hätte abhauen wollen, wäre ich doch in West-Berlin ausgestiegen, statt zu warten, bis diese bewaffneten Typen auftauchen. Als ich die Ostberliner Friedrichstraße betrat, stand dort ein «Freund». Das tat er aber leider nicht zufällig, sondern – wie ich Jahre später erfuhr – von der Stasi, der er als IM diente, hinbestellt. Deren Idee war es, dass er mich nach Hause fährt, um zu erkunden, ob ich im Westen dem Osten treu geblieben war. Sie hatte noch immer nicht verstanden, die DDR, dass Loyalität auf Vertrauen aufbaut und ein Überwachungsstaat keines von beiden verdient. Ich war in der DDR angekommen, ohne in ihr je zuvor angekommen zu sein oder jemals ankommen zu können. Ich war und blieb fremd im eigenen Land. Und weil das so vielen so gegangen war, kam es 1989 zur Revolution.

Revolution!

In der Zeit meiner «Rückkehr» in die DDR wurde mir *Die unerträgliche Leichtigkeit des Seins* (1984) des tschechischen Schriftstellers Milan Kundera teurer denn je zuvor. Wie etwa auch Peter Schneiders *Mauerspringer* (1982) war es in der DDR verboten und wanderte entsprechend gehypt von Hand zu Hand. *Die unerträgliche Leichtigkeit des Seins* erzählt von Teresas Liebe für den erfolgreichen Prager Chirurgen Tomas inmitten des «Kalten Krieges». Diese Liebe ist ebenso schwierig wie ihr Verhältnis zu ihrem Heimatland, der ČSSR. Nachdem sie als Fotoreporterin dokumentiert hatte, wie die Armeen des Warschauer Paktes den «Prager Frühling» beendete, müssen Tomas und sie flüchten. Doch Teresa vermag es nicht, in der «Unerträglichen Leichtigkeit des Seins» anzukommen, welche insbesondere auch durch die schweizerische Malerin Sabina verkörpert wird, mit der Tomas eine seiner vielen Affären hat. Teresa kehrt in die ČSSR zurück, ohne ankommen zu können, und auch Tomas, der ihr aus Verantwortungsgefühl folgt, kann das nicht. Die Diktatur in der ČSSR setzt sie Bespitzelung und Repressalien aus, welche Tomas in weitere Affären und Teresa in eine vertiefte Schwere flüchten lassen. Als sie schließlich im Landleben nach einer Ruhe suchen, die es für sie weder in der Liebe noch in der Diktatur geben kann, sterben sie bei einem LKW-Unfall, welcher die nie lösbare Zerrissenheit ihrer Situation und der so vieler Menschen im von der Sowjetunion aus regierten Ostblock symbolisiert.

Der von Kundera erzählte Prager Frühling von 1968 und die Massenaufstände um den 17. Juni 1953 in der DDR waren Säulen des Widerstandes gegen die kommunistischen Diktaturen, der über alle Jahrzehnte hinweg mehr oder weniger international sichtbar rumorte. Zu Beginn der 1980er Jahre wurde die freie Gewerkschaftsbewegung Solidarność mit ihrer Forderung nach Freiheit und Demokratie zu einem erneuten Pfahl im Fleisch der kommunistischen Diktaturen.

1985 trat Gorbatschow an, um den Kommunismus durch Transformationen in die Zukunft zu steuern, und lieferte gerade dadurch dessen Sargnagel: Es lastete viel Druck auf dem Kessel des Kommunismus. Als Gorbatschow – mit wenig Zuspruch der SED-Diktatur – dem Dampf mehr Raum als zuvor bot, pfiff der Widerstand laut aus dem Kessel.

1989/90 war es dann so weit. Inmitten der osteuropäischen Revolutionszeit stürzten Ostdeutsche die SED-Diktatur. Die Ausreisewelle von 1989, die in den Botschaften Prags und Budapests einen international beachteten Höhepunkt fand, sowie monatelange Protestaktionen, die Demonstrationen und Unterschriftenaktionen einschloss, zeitigte nunmehr Erfolge. Dass Protest Berge versetzen und Mauern stürzen kann, wurde zu einer Erfahrung, welche manche Ostdeutsche bis heute prägt. Auch wenn es letztlich eine Minderheit war, die Widerstandsarbeit leistete, und dadurch die nur Zuschauenden mit über die Mauer trug, ist die Revolution von 1989 gesamtgesellschaftlich gesehen eine Erfahrung, welche der bundesdeutschen Gesellschaft fehlt. Mich hat sie für mein Leben politisiert.

Nach der Rückkehr von meiner Reise in die Bundesrepublik hatte ich beschlossen, mir die DDR anzueignen. Zunächst versuchte ich das, indem ich gleich zu Beginn des neuen Studienjahres Schritte unternahm, die mir eine Mitbestimmung in der FDJ verschaffen sollten. In dieser Rolle fuhr ich auch im September in ein Schulungslager der FDJ am Werbellinsee, weil sich dort die Gelegenheit bieten sollte, mit dem Ersten Sekretär des Zentralrates der FDJ in der DDR zu diskutieren. Das war 1989 der mit 42 Jahren etwas überalterte Dauerjugendliche Eberhard Aurich. Tagelang hatte ich an einer kleinen Rede gefeilt. Im Freiluft-Atrium, in dem Aurich seine Audienz abhielt, gab es keine funktionierenden Mikrofone für das Publikum. Stattdessen redete Aurich gefühlte 20 Stunden über Altbekanntes. Danach gab es tatsächlich Raum für Fragen, für einige wenige Minuten. Ich meldete mich beherzt als Erste. In meiner kleinen Brandrede ging ich mehr versteckt als offen auf die Forderungen des am 9./10. September 1989 gegründeten «Neuen Forums» und dessen Aufruf «Die Zeit ist reif – Aufbruch 1989» ein und umschrieb dessen ersten Satz «In unserem Land ist die Kommunikation zwischen Staat und Gesellschaft offensichtlich gestört». Es hatte schon etwas von Parodie, dass ich mir dabei ohne Mikro die Lunge aus dem Leib schreien musste und mich Aurich sehr bald kraft seines Mikros mit den Worten unterbrach, dass er ganz meiner Meinung sei, er aber glaube, dass die FDJ genau der richtige Ort sei, dies alles umzusetzen. In diesem Moment verstand ich, dass ein Tischtennisverein nie zu einem Tennisverein transformiert werden könnte und es einfach unmöglich ist, eine diktatorische Struktur aus sich heraus zu kippen. So fuhr ich noch am selben Abend nach Berlin zurück und machte ab dem nächsten Tag im «Neuen Forum» mit.

Mein Frust, die allgemein mutige Stimmung, die ich auch bei einigen meiner Freundinnen beobachtete, und die Hoffnung, die daraus erwuchs, waren jetzt stärker als meine Angst, im Gefängnis zu landen. Gegen Hoffnung kommt nicht mal eine Diktatur an. Ich ging zu Demonstrationen und zu Treffen des «Neuen Forums». An den Stasi-Typen mit ihren Handgelenk-Taschen, auch Detlef-Taschen genannt, vorbei in die Gethsemane-Kirche zu gehen, ließ mein Herz gefühlt lauter schlagen als die Kirchenglocken. Und als ich all die Menschen in den Bankreihen sitzen sah und hörte, wie viele sich über diese Angst erhoben, kam ich das erste Mal seit München in der DDR an. Mehr noch. Als mir die Mitbegründerin des «Neuen Forums», Bärbel Bohley, in die Augen schaute und mir die Listen gab, auf denen ich Unterschriften sammeln sollte, fühlte ich mich das erste Mal in meinem Leben mit der DDR verbunden. Das ist ebenso paradox wie wahr. Ich war voller Hoffnung, und zusammen mit einer Freundin begann ich, daraus Agency abzuleiten. Ich begann vorsichtig, sprach zunächst Verwandte und Bekannte wegen einer Unterschrift an. Die wenigsten aber unterschrieben. Deswegen ging ich dazu über, auch in meinem weiteren Umfeld aktiv zu werden. Ich sprach Studierende der Humboldt-Universität vor oder nach ihren Seminaren an. Meist waren es ein bis zwei der Personen pro Gruppe, die unterschrieben. Jeden Abend brachten wir die Listen zu einem verabredeten Ort.

Irgendwann wurde ich waghalsig und begann, die Unterschriften auch indirekt einzusammeln. So gab ich die Liste einem Studenten der Veterinärmedizin, den ich bei der legendären Begegnung mit Aurich getroffen hatte. Was ich nicht wusste, war, dass sein Vater Dekan der Veterinärmedizin war und dass er uns verraten würde. Das erfuhren meine Freundin und ich am Abend vor der geplanten Übergabe der Listen. Wir wussten, dass auf dem Gelände des Instituts für Veterinärmedizin statt der Unterschriften die Stasi auf uns warten würde. Und wir gingen dennoch hin. Wo hätten wir in einer eingemauerten Diktatur auch hingekonnt? Weglaufen ging nicht, also lieber geraden Rückens Gesicht zeigen.

Was folgte, war nicht leicht, aber machbar. Es gab eine Aussprache, eine für mich, eine für meine Freundin. Einzeln eben. Mir saßen etwa zehn Personen von FDJ über SED bis Stasi gegenüber. Klar stand eine Exmatrikulation im Raum. Am Ende kam die Aufforderung, schriftlich Stellung zu meiner «Tat» zu beziehen. Auf diese Stellungnahme war ich schon damals wenig stolz. Denn am Ende führte neben der Hoffnung dann doch zu viel Angst die Feder, und ich bettete meinen Wunsch nach Veränderung in deutlich zu viel Vertrauen in bestehende Strukturen wie Aurichs FDJ ein. Ein solches Einknicken gegenüber einer Diktatur aber ist nie das Ende von Repressalien, sondern eher eine Einladung an diese, weiter zu bohren. So war es auch bei mir. Ich wurde zu weiteren Gesprächen gezwungen. In diesen ging es darum, dass ich Namen anderer «Staatsfeinde» nennen sollte, was ich nicht tat. Schließlich wurde ich vor die Alternative gestellt, entweder exmatrikuliert zu werden oder aber als IM zu arbeiten, was mit der Zuckerbrot-Verlockung kombiniert war, in der Germanistik promovieren zu können. Das war, wie die Stasi wohl noch besser als ich wusste, mein Traum. Dass ich die Kraft fand, mich gegen dieses Angebot zu entscheiden, hat mir mein Leben gerettet. Kaum auszumalen, was passiert wäre, wenn ich im September 1989 noch IM geworden wäre. Mein ganzes Leben lang wäre ich nicht mehr auf die Füße gekommen. Ich hatte enormes Glück, denn der 9. November 1989 kam meiner Exmatrikulation zuvor.

An diesem Tag hatte ich bis 21 Uhr in der Berliner Staatsbibliothek «Unter den Linden» gelesen, die nur ca. 500 Meter vom Brandenburger Tor entfernt ist. Beim Hinausgehen setzte ich meinen Walkman auf (der mich ca. ein durchschnittliches DDR-Monatsgehalt gekostet hatte) und fuhr mit der S-Bahn nach Berlin-Schöneweide, um von dort aus mit dem letzten Zug nach Magdeburg zu fahren. Dort wollte ich am 10. November meinen 22. Geburtstag feiern. Auf dem Bahnsteig wartete meine Mutter auf mich mit einer

Rose und den Worten «Die Mauer ist auf!» Dass mich das verwunderte, liegt auf der Hand. Denn da kam ich ja gerade her. Ich glaubte ihr kein Wort. Doch sie hatte recht.

Trotz Maueröffnung kam am nächsten Tag immerhin noch die Hälfte meiner Partygäste aus Berlin nach Magdeburg, was ich als enormen Freundschaftsbeweis zu schätzen wusste. Die Grenzöffnung erlebte ich also zunächst nur über das Fernsehen mit. Denn es war richtig schwer, wieder nach Berlin zu kommen. Die Züge waren überfüllt. Das deckte sich mit Bildern aus dem Westfernsehen: Der Kudamm wurde überrannt von Leuten, die Bananen kauften. Im Angesicht dieser Bilder schämte ich mich so sehr, aus der DDR zu kommen, dass ich mich erst Tage später «rüber» traute. Um nicht eine von den Bananenossis zu sein, ging ich, als wäre es das Normalste von der Welt, mit einer Freundin aus Magdeburg in Berlin-Dahlem ins Kino. Natürlich konnte der erste Film, den ich in der Freiheit schaute, kein anderer sein als: «Die unerträgliche Leichtigkeit des Seins». Ich spürte sie jetzt, aber anders, die Freiheitslust der Schweizer Malerin Sabina. Erstmals konnte ich mich mit ihrer unerschrockenen Leichtigkeit statt mit Teresas Schwere verbinden. In dieser Stimmung hatte ich völlig das «Danach» ausgeblendet. Denn der Film endete nach Mitternacht, und in Berlin-Dahlem fuhr keine U-Bahn mehr. Wir irrten ziemlich lange herum. Und dabei «entdeckte» uns ein Taxi-Fahrer, der unsere Lage erkannte und uns auf Ossi-Bonus kostenfrei zurück an die Grenze fuhr.

Auch bei meinem zweiten West-Berlin-Aufenthalt kam ich an, ohne mich zurechtzufinden. Ich ging in einen Frauenbuchladen. Mit einem Freund aus Magdeburg hatte ich verabredet, dass er mich dort abholen solle. Als er zwei Stunden nach der verabredeten Zeit noch immer nicht da zu sein schien, beschloss ich zu gehen. Vor der Tür stieß ich auf meinen völlig gestressten Freund. Er wartete dort nämlich schon zwei Stunden und durfte nicht in den Buchladen, weil er ein Mann war. Nicht mal, um mir Bescheid zu sagen. Das war ein erster Kulturschock für uns beide.

In politischen Kontexten ging es mir ähnlich. Das durch die Revolution geöffnete Momentum traf auf unterschiedliche Hoffnungen und Erwartungen – und verlangte nach Gestaltung. Inmitten dieser Aufbruchsstimmung mit Hindernissen suchten viele Menschen in meinem politischen Umfeld nach einer Alternative für eine neue DDR. Nächtelang saßen wir auf unseren löchrigen Holzdielen und entwarfen Ideen für politische Strukturen, in denen Freiheit und Mitbestimmung im Mittelpunkt stehen konnten. Das so frisch nach dem Leben in einer Diktatur einfach so machen zu können, war so ungeahnt neu, dass es mir damals Schmetterlinge im Bauch erzeugte.

Die erste und letzte freie Wahl der Volkskammer der DDR am 18. März 1990 aber ging in eine andere Richtung. Kaum jemand schaute an dem Abend die Wahlergebnisse allein. Als diese verkündet wurden, brachen meine Freundinnen und ich in Tränen der Enttäuschung aus. Entgegen den Wahlprognosen hatten 48,1 Prozent der 12,4 Millionen wahlberechtigten DDR-Bürger*innen ihre Stimme der «Allianz für Deutschland» gegeben, der neben der CDU der «Demokratische Aufbruch» und die rechts-konservative Partei «Deutsche Soziale Union» angehörten. Die «Keine-Experimente»-Devise der CDU, die unter Lothar de Maizière und dem inoffiziellen-offiziellen Krösus Kohl «Einigung qua Einheit» versprochen hatte, knackte mit 40,8 Prozent der Stimmen den Jackpot. Das Wahlergebnis stand vor allem für eines: Die meisten Ostdeutschen wollten die Vereinigung mit der Bundesrepublik so schnell wie möglich. Was lockte, war, die Konsumleere durch die Konsumgesellschaft ersetzen zu können. Der Spruch «Helmut nimm uns an die Hand und führe uns ins Schlaraffenland» hat aber noch eine weitere Ebene: Kohls Charisma roch nach der alten starken Vater-Staat-Gewohnheit. Zumindest sahen viele diktaturgeprägte Ostdeutsche in Kohl einen starken Staat symbolisiert – und das war etwas, das sie kannten und sie deswegen jedem weiteren politischen «Experimentieren» vorzogen. Dass dies so laufen konnte, verdankte die DDR einem Privileg. Anders als andere postkommunistische Länder wie Bulgarien, Rumänien, die Tschechoslowakei, Polen oder Ungarn verfügte die DDR über ein Auffangnetz, das von Artikel 23 des Grundgesetzes bereitgestellt wurde. Nun summten die

Schmetterlinge im Bauch bei mir leiser. Denn der «Sturm und Drang» war vorbei.

Tatsächlich hatte ich in dieser Zeit eine Vorlesung zu der gleichnamigen Epoche der Literaturgeschichte. Noch geplättet von der Enttäuschung, ging ich hin, ohne den professoralen Ausführungen zu Schillers «Die Räuber» zuhören zu können. Doch plötzlich sah ich, dass mich alle anschauten. Tatsächlich hatte der Professor mich namentlich genannt und aufgefordert, mich hinzustellen. Etwas umnebelt stand ich auf und nahm daher zum Glück nur undeutlich wahr, dass er mich beschimpfte: «Das schlimme Wahlergebnis gestern haben wir Menschen wie Frau Arndt zu verdanken.» In seinem SED-Deutsch hieß das, dass er den Wahlsieg der CDU als schlimmer empfand als die SED-Diktatur. Und dass er mich dafür verantwortlich machte. Das traf mich hart. Ich fand das ungerecht und war sauer darüber, dass er nicht darüber sprach, welche Freiräume die Revolution geschaffen hatte. Am Ende waren es Leute wie er, die als gelernte Staatsdiener viel schneller als ich den alten König für tot erklärten und den neuen feierten, um möglichst weich zu fallen.

Dieses Versprechen hatte die Währungsunion vom 1. Juli 1990 im Gepäck. Die Schulden aus dem Staatshaushalt (z. B. Kommunen, Betriebe) wurden ebenso halbiert wie private Schulden oder Guthaben. Einige Ersparnisse konnten in begrenztem Umfang auch 1:1 konvertiert werden. Diese Sätze (1:1 und 1:2) ließen den eigentlichen Marktwert der DDR-Mark außer Acht. Das war maßgeblich davon motiviert, dem Abwanderungsstopp Einhalt zu gebieten. Das aber gelang nur bedingt, denn auch dieser Umtauschsatz ließ Ostdeutsche nicht zum Wohlstand der Bundesrepublik aufschließen. Es ging schon damit los, dass die wenigsten nennenswerte Ersparnisse hatten und eine Halbierung folglich als heftiger Einschnitt empfunden wurde. Dies umso mehr, als die Lebenshaltungskosten von Brötchen bis Miete stiegen und Löhne erst nach und nach in den folgenden Jahren sukzessive an geltende oder neu erstrittene Tarife angepasst wurden. So gesehen kamen nicht wenige Ostdeutsche in sozial-materiellen Verhältnissen an, welche sie nicht für möglich gehalten hatten, zumal sie der kommunistischen Dauerpropaganda höchstens das Gegenteil geglaubt hatten. Wie sich das anfühlte, erfuhr ich, als ich gleich im Juli 1990 eine Interrailreise antrat, um von der neuen Reisefreiheit in Richtung Westen Gebrauch zu machen.

In all den Jahren zuvor hatte mir immer eine Steppdecke genügt, auch im bulgarischen Hochgebirge. Jetzt wollte ich mit einem Schlafsack reisen. Weil wir uns wenig auskannten und nicht wussten, wo man einen solchen erstehen konnte, schlug meine Mutter einen Ort vor, von dem sie schon gehört hatte: das Berliner KaDeWe. Auch wenn das, wie ich bald verstand, nicht wirklich einschlägig für den Kauf eines Schlafsackes war: Der hier gekaufte Schlafsack fühlte sich nach Westluxus an. Neben meinem Schlafsack hatte ich 200 DM im Gepäck. Das war für mich ein Vermögen. Aber für eine vierwöchige Reise durch Westeuropa war es denkbar knapp bemessen. Das bemerkte ich das erste Mal, als ich mich nach einer schlaflosen Nacht im Zug in ein Café in Paris setzte und einen Kaffee und ein Croissant bestellte. Zusammen kostete das damals umgerechnet 12 DM. Mir wurde schwindelig, und ich bat den Kellner, den Kaffee und das Croissant zurückzunehmen, weil ich es mir nicht leisten könne. Das tat er zum Glück. In London schaute ich mir alle Gebäude nur von außen an. Eintritt zu bezahlen, erlaubte mein Budget nicht. Bei einem meiner Rundgänge um den Tower of London herum traf ich einen meiner Englischprofessoren von der Humboldt-Universität. Zusammen waren wir einfach nur sehr glücklich, den Tower mit eigenen Augen sehen zu können. Doch dass selbst er als Angestellter einer Universität sich den Eintrittspreis nicht leisten konnte, steht symptomatisch dafür, wie das Ankommen der Ostdeutschen durch eine finanzielle Einheitserfahrung über Klassenunterschiede hinweg geprägt war. Immerhin aber konnte er ein Zimmer in einer kleinen Pension bezahlen, während mir selbst Jugendherbergen zu teuer waren, weswegen ich während der gesamten Reise fast nur auf Bahnhöfen oder in Zügen und manchmal auch in Parks schlief. Nur einmal war dies so unmöglich, dass ich mir das erste und einzige Mal eine Jugendherberge leistete. Und zwar in Edinburgh.

Während der Reise hatte ich mein Geld die ganze Zeit direkt am Körper getragen. Jetzt, in der Edinburgher Jugendherberge, machte ich erstmalig eine Ausnahme. Weil ich die Einzige war, die den Frauenflügel in dem ehemaligen Schloss bewohnte, ließ ich mein Geld auf meinem Bett liegen, während ich duschen ging. Auf dem Weg von den Duschräumen zurück kamen mir auf dem Flur zu meinem Zimmer zwei Männer entgegen. Da Männern der Zugang zum Frauenflügel verboten war, ahnte ich da schon, dass sie mein Geld gestohlen haben könnten. Doch nur mit einem Handtuch umwickelt, wagte ich keine offene Konfrontation und sprach sie nicht darauf an. Tatsächlich war mein Geld weg. Alles. Ich hatte keinen einzigen Cent oder Pfenning mehr. Das bedeutete das Ende der Reise – und ohne Geld von Edinburgh nach Berlin zu reisen. Mitten in der Nacht, ich war endlich eingeschlafen, weckte mich der Rezeptionist. Ich solle zum Besitzer der Jugendherberge gehen. Er hätte eine Idee, wie ich mein Geldproblem lösen könne. Ich war sehr erleichtert. Ein Job wäre doch genial. Doch dass dies nicht die Idee des Besitzers der Jugendherberge war, verstand ich, als er nach meinem Eintreten in sein Zimmer die Tür hinter mir abschloss. Er bot mir an, mich für Sex zu bezahlen. Das kannte ich schon von anderen, aber nie war es so eng. Denn als ich das verneinte, versuchte er, mich zu vergewaltigen. Ich entkam knapp und kam nicht mal auf die Idee, ihn anzuzeigen. Vom Vorgefallenen umnachtet, setzte ich mich einfach nur vor die Jugendherberge, um dort auf die ersten Sonnenstrahlen zu warten und meine Heimreise zu beginnen.

Mit Sonnenaufgang kam auch ein Reisebus westdeutscher junger Erwachsener. Eine Person sprach mich an, und ich erzählte ihr meine Story, vom Geldraub bis zur sexuellen Nötigung. Die Person zeigte sich entsetzt und rief eine Freundin herbei. Ich musste alles noch mal erzählen. Das wiederholte sich ein paarmal. Irgendwann standen fast alle neuen Gäste der Jugendherberge wie eine Traube um mich und meine Geschichte. Am Ende drückten sie mir noch mal ihr Bedauern aus und wünschten mir alles Gute. Ich nahm meinen Rucksack und lief über eine Stunde zum Bahnhof. Der Weg war bergig und weit. Irgendwann flossen mir endlich die Tränen. Nicht wegen der Diebe, nicht wegen der sexuellen Nötigung. Was mich wirklich schmerzte, war die Frage: Warum nur haben die mir nicht geholfen? Wenn mir alle jeweils 1 DM gegeben hätten, hätte ich 30 DM gehabt – das wäre ein Reichtum für mich gewesen. Doch warum nur hatten sie das nicht getan? Da ich sie das nicht gefragt hatte, musste ich mutmaßen. Hatten sie mir nichts gegeben, weil sie davon ausgingen, dass Ostdeutsche ja eh arm seien und es deswegen auch nicht schlimm für die sei, ohne einen Pfennig auf eine lange Reise zu gehen – oder gar, dass es Westdeutschen ökonomisch zu Recht besser ginge als Ostdeutschen, weil sie eben schon immer auf der richtigen Seite gestanden hätten? Hatte ich aus Angst vor dieser Antwort, vor diesem Denken, nicht gewagt, nach Geld zu fragen? Hatte ich aus Angst vor ihrer Arroganz nicht gefragt: «Hast du mal 'ne Mark?» Ich glaube, dass ich einfach gar nicht auf diese Frage gekommen bin. Vielleicht weil ich es gewohnt war, dass es so ist, wie es ist. Aber vielleicht auch weil Ostdeutsche (das behaupte ich jetzt einfach mal) auf keinen Fall gezögert hätten, mir etwas Geld abzugeben. Ohne dass ich hätte fragen müssen. Und woher rührte eigentlich die Solidarität der einen und die fehlende auf der anderen Seite?

Kurz nach meiner Rückkehr nach Berlin, am 20. September 1990, stimmten Bundestag wie Volkskammer für die Einheit. Zwei Wochen später, am 3. Oktober 1990, wurde diese vollzogen. Die DDR trat der Bundesrepublik bei. Mit einer Freundin ging ich zum Reichstag, und das Spektakel der großen *weißen* Männer und ihrer Politik von oben fühlte sich an, als sei unsere Revolution gerade zu Grabe getragen worden. Als dann die bundesdeutsche Nationalhymne den großen Platz vor dem Reichstag beschallte und Zehntausende vom «Vaterland» sangen, dass «brüderlich» nach «Einigkeit» strebe, klang mir das, auch weil wir vor allem dunkle Männerstimmen hörten, nach viel zu viel Testosteron – und der wie aus einem Munde klingende Gesangswunsch «blühe, deutsches Vaterland» nach zu viel Nationalismus.

Was im Großen geschah, ereignete sich auch im kleineren Bereich der politischen Neuorganisation in Ostdeutschland. Zwei

Erinnerungen sollen das untermalen. Weil ich in der DDR nur inoffiziell in einer feministischen Gruppe aktiv sein konnte, war ich froh über die Möglichkeit, kurz bei der feministischen Zeitschrift «Ypsilon» (1990–1991) mitwirken zu können. Zu einem der ersten Treffen kamen Frauen aus Berlin-Kreuzberg, die uns Ossis bedauerten, dass wir jetzt unsere Freiheit verloren hätten. Sie waren also nicht gekommen, um zuzuhören. Denn sonst hätten sie ja wahrgenommen, dass sich «Ypsilon» als ein Gegenentwurf zur ostdeutschen Frauenzeitschrift «Für Dich» samt ihrer patriarchalischen Frauenbilder verstand, dass das in der DDR verbürgte Recht auf Erwerbsarbeit längst nicht den Sexismus besiegt hatte und dass Feminismus in der DDR verboten gewesen war. Nein, sie waren gekommen, um zu sprechen. Die Kreuzberger Frauen versuchten, uns zu überzeugen, wie gut wir es im Fast-Kommunismus-Paradies gehabt hatten. Das war bereits heftiger Zündstoff, doch der Streit eskalierte, als eine ostdeutsche Ypsilonerin sich zu Beginn ihres Wortbeitrages als «Dreher» vorstellte und dann nicht weiterreden konnte, weil die Kreuzberger Crew sie wütend darauf hinwies, dass sie Dreherin sei. Damals hatte ich noch nicht verstanden, wie wichtig es ist, dass Sprache inklusiv ist und dass eben das nicht dadurch geleistet wird, dass die männliche Form für alle Geschlechter stehen soll. Unabhängig davon aber störte mich die arrogante Aneignung «unseres Weges». Der entbrannte Streit killte den Vibe, und so bedurfte es an dem Abend keiner Zensur, um die Versammlung aufzulösen. Viele von uns Ossis gingen aus Protest von selbst.

Das zweite politische Schlüsselerlebnis fand wenige Monate später in der ostdeutschen Studierendenbewegung statt. Am Tag als ich zu einer von sieben Sprecher*innen des ersten Freien Studentenrates der Humboldt-Universität zu Berlin gewählt wurde, traf ich meinen heutigen Ehemann Ilko-Sascha Kowalczuk. Er betrat den großen Hörsaal, in dem der Studierendenrat tagte, und sagte: «Niemand hier ist legitim gewählt. Denn ihr habt ja alle schon in der DDR hier studiert. Das war mir verwehrt, weil ich mich schon mit 14 mit eurem Staat anlegte. Jetzt aber bin ich hier, als Student, und gehe auch nicht wieder.» Ich musste lachen, auch wenn seine Worte in meiner tiefsten Wunde bohrten. Als opportunistische Mitläuferin sollte ich mich in Demut üben, statt mich übergangslos als Sprecherin der Freiheit zu gerieren. So oder so: Ich hatte mich sofort verliebt. Das hatte auch zur Folge, dass meine Politisierung, die gerade erst begonnen hatte, durch den größten Freiheitsgeist, dem ich je begegnete, geprägt wurde. Nächtelang diskutierten wir über die Welt, die wir uns bauen wollten, bei Ton Steine Scherben oder Neil Young. Das war ein harter Crash-Kurs. Für Sascha war es klar, dass Freiheit nur funktionieren kann, wenn man bereit ist, mit dem Kopf durch die Wand zu gehen, auch wenn die Tür bereits auf ist, weil es dann zwei Wege gibt. Und dass man dafür nicht nur Wut, sondern auch Wissen braucht. Nichts ärgerte ihn mehr als Protest ohne Hintergrundwissen und Wissenschaftler*innen ohne politische Agenda. Das passte gut zu meinem neuen Hobby, mir das Unmögliche als möglich zu erträumen. Und ich lernte von ihm, dass Ehrlichkeit oft Konflikte erzeugt, Konflikte aber der Stoff sind, aus dem Träume wahr werden können.

Inmitten dieser spannenden Reise wurde ich vom Studentenrat der Humboldt-Universität für eine Rede zur von uns Studierenden geforderten Stipendienerhöhung nominiert. Ich war sehr aufgeregt. Redefreiheit – und die Präsidenten/Rektoren aller Unis würden zuhören. Meiner Meinung zuhören, einer freien Rede, mitten in der sagenumwobenen Silberlaube der FU. Dazu aber kam es dann leider nicht. Denn als ich zu reden anfangen wollte, stürmten OSI-Studierende in den Raum und pfiffen mit ihren Trillerpfeifen. Ihre Botschaft: Ich solle nicht mit dem Establishment reden. Ich versuchte noch, ihnen zu erklären, wie bedeutsam dieser Moment für mich und uns ostdeutsche Studierende sei. Denn wir hatten bislang mit dem Establishment gar nicht reden dürfen. Aber es gab nur die OSI-Wahrheit, die aus den Trillerpfeifen sprach. Mit unterdrückten Tränen verpasste ich so die Möglichkeit meiner ersten freien Rede.

Die westdeutsche Dominanz der ostdeutschen Transformation nahm vielerorts übergriffige Züge an, die den Ostdeutschen viel zu schnell die Zügel aus der Hand nahmen und die Flügel der Freiheit stutzten. Das war zwar mit ostdeutschen Wahlstimmen geschehen.

Doch diese hatten auf die Seifenblase gesetzt, auf diese Weise als gleichberechtigte Bundesbürger*innen in der neuen Welt ankommen zu können, die schnell platzte.

Transformationsjahre sind keine Herrenjahre

Während sich nach 1989 für fast alle Ostdeutschen fast alles änderte, weil ihre Biografien Zäsuren erfuhren, blieb in den alten Bundesländern das meiste unverändert – es sei denn, Westdeutsche waren Teil des Elitenaustauschs, und sie zogen in ostdeutsche Räume, Institutionen oder Strukturen ein. Dort aber ging es ihnen so wie im Westen, also gut. So gesehen war die deutsche Einigung für westdeutsche Personen, strukturell und biografisch gesehen, keine harte Zäsur, obwohl der Westen doch davon profitierte und dennoch lamentierte, welche Einbußen er erfahre und Opfer er erbringe. Bis heute wissen viele Wessis nicht, dass auch Ossis den sogenannten Solidaritätszuschlag zahlen mussten. Umgekehrt gibt es bis heute Ostdeutsche, die betonen, dass in der DDR alles besser gewesen sei – wobei sie systematisch ausblenden müssen, wie stark sie selbst bereits vom neuen Leben in der Bundesrepublik geprägt sind. Die Mehrheit aber ist froh über das Ende der DDR. Die wenigsten jedoch sind damit zufrieden, wie der Übergang von der DDR in die Bundesrepublik abgelaufen ist.

Was war, war vorbei. Was auch wäre bewahrenswert gewesen, außer dem Ampelmännchen – was (mit etwas Verzögerung) tatsächlich blieb? Im Ernst. Zum Besten, was die DDR mitbringen konnte, gehörte die Streichung von § 175 StGB, welche die Kriminalisierung von Homosexualität beendete, und die Angleichung der bundesdeutschen Fristenlösung bei Schwangerschaftsabbrüchen an eine konsequente Aufgabe des § 218 StGB, welche noch immer aussteht. Und so mussten Ostdeutsche für ihren Alltag so vieles neu erlernen. Vielleicht nicht das Bügeln oder Bremsen, aber in der StVO tauchten neue Details auf, und viele andere Regeln und Verfahren änderten sich ebenfalls. Ob Steuererklärungen, Bewerbungs- und

Arbeitsamtsgespräche oder der Umgang mit repräsentativer Demokratie. Alles war neu. Wer konnte, zog den Kopf ein und begann ohne Seepferdchen loszuschwimmen.

In einem grundlegenden Systemwechsel wurde die sozialistische Planwirtschaft von der Marktwirtschaft und die SED-Diktatur von der repräsentativen Demokratie der Bundesrepublik abgelöst. Der bundesdeutsche Parlamentarismus samt seines Föderalismus und die bundesdeutsche Gesetzgebung galten de facto über Nacht in der DDR. In seinen wesentlichen Eckpunkten war dieser Übergang mit dem Beitritt der DDR zur Bundesrepublik am 3. Oktober 1990 politisch und rechtlich vollzogen. Um das im Detail und in jedem Bereich umzusetzen, bedurfte es jedoch umfänglicher Übergangsregelungen und -maßnahmen. Diesen von knallharten wirtschaftlichen und politischen Machtkontexten regulierten Transformationsprozess und seine langfristigen Auswirkungen bis in die Gegenwart hinein beschreibt Ilko-Sascha Kowalczuk in seinem Buch *Die Übernahme* (2019) präzise und detailliert als genau das: als Übernahme, welche die DDR zu einem vielfach gebeutelten Ostdeutschland machte.

Ostdeutsche kamen, strukturell gesehen, ohne nennenswerten Wohlstand in der Bundesrepublik an. Das war zunächst einmal ein Vermächtnis der DDR. Neben dem Grund, dass die DDR bevölkerungs- und flächenmäßig kleiner war, schlug hier die unterschiedlich starke Import- und Exportkraft der beiden Länder ebenso zu Buche wie die Mangelökonomie der sozialistischen Planwirtschaft. Die technische Ausstattung ostdeutscher Betriebe war im Vergleich zu der des Westens mehrheitlich (etwa mit Ausnahme von Carl-Zeiss-Jena) vorsintflutlich. Das betraf auch den Mittelstand, der überhaupt erst neu aufgebaut werden musste. Was aber nach 1989 folgte, diente nicht einem Ausbau, sondern einem radikalen Abbau des ohnehin gebeutelten Industriestandorts Ostdeutschland.

Um technisch aufzuschließen und effizienter zu arbeiten, musste massiv investiert werden. Das nötige Kapital war im Osten nicht vorhanden und konnte dort auch nicht ohne Weiteres, jedenfalls nicht in dem erforderlichen Tempo, erwirtschaftet werden. Die Gründe dafür waren komplex. Dass Löhne und Kosten stiegen, während die Kaufkraft in Ostdeutschland sowie das Interesse an ostdeutschen Produkten sank, ist einer davon. Wirtschaftliches Überleben war an robuste Langatmigkeit gebunden und diese an die Möglichkeit, Außenstände zu verkraften und Kreditwürdigkeit zugesprochen zu bekommen. Letztere aber räumte das westdeutsche Finanzwesen, das am westdeutschen Kapitalismus genesen war, nicht dem ostdeutschen Mittelstand ein, dafür aber etablierten Konzernen und mittelständischen Betrieben aus Westdeutschland. Diese erschlossen sich Ostdeutschland als Markt, während sie u.a. dadurch Ostdeutschland als autonomen Industriestandort keine Chance gaben.

Durch Insolvenzen frei werdende Grundstücke und Betriebe wurden an westdeutsche Unternehmen verscherbelt. Auch Banken und Sparkassen, Versicherungsagenturen oder die Infrastruktur von Energieversorgung oder Transport wurden unter Wert an westdeutsche Unternehmen verkauft. Weitere Verkäufe von 12354 Betrieben, bei denen ca. vier Millionen Menschen beschäftigt waren, wurden durch die von 1990 bis 1994 wirkende Treuhand vorgenommen (und in geringem Maße geschlossen oder kommunalisiert). Der Gesamtkaufwert blieb dabei mit 35 Milliarden deutlich unter dem zuvor geschätzten Wert von ca. 125 Milliarden DM. Insgesamt erlebte Westdeutschland eine Sonderkonjunktur auf Kosten der ostdeutschen Industrieproduktion, welche von 1989 bis 1992 jährlich etwa um ein Drittel fiel.

Während westdeutsche Arbeitnehmer*innen von dieser Konjunktur profitierten (die Arbeitslosenquote im Westen war so niedrig wie seit 1981/82 nicht mehr), explodierte sie im Osten im Sekundentakt. Waren im Januar 1990 nur 7440 Menschen arbeitslos gemeldet, so betrug die Zahl im Juni 1990 bereits 142096. Dabei schlug zu Buche, dass zu den Entlassungen von Personen aus systemtragenden Bereichen (z.B. Ministerium für Staatssicherheit) mehr und mehr Arbeiter*innen kamen, deren Betriebe geschlossen wurden. Und das war wiederum erst der Anfang von Massenentlassungen und Massenarbeitslosigkeit. Hinzu kamen andere Modelle, die reale Arbeitslosigkeit beinhalteten und diese im Sinne einer geschönten Arbeitslosenquote verschwiegen. Dazu zählen Arbeitsbeschaffungsmaßnahmen (ABM), Umschulungsmaßnahmen, Vorruhestandslösungen (die vor allem Menschen ab 56 trafen) und die sogenannte Kurzarbeit. Im September 1990 waren 444856 und im Oktober 537799 Menschen arbeitslos gemeldet. Hinzu kamen bis Ende September weitere 1728749 Kurzarbeiter*innen. Insgesamt traf es Facharbeiter*innen weniger und Frauen deutlich häufiger als Männer. 1991 waren zwei Drittel der erwerbslos gemeldeten Personen Frauen. Viele sahen sich zu Arbeitsmigration und der Akzeptanz von Mindestlöhnen gezwungen. Im Laufe der nächsten Dekade verloren insgesamt 80 Prozent aller Ostdeutschen ihren früheren Arbeitsplatz. «Mit anderen Worten», schreibt Ilko-Sascha Kowalczuk in *Die Übernahme* (2019), in der diese und weitere Zahlen nachzulesen sind: «Die Arbeitslosenstatistiken spiegeln nur einen Teil jener Problemlage, die für die sozialgeschichtliche Betrachtung des Transformationsprozesses entscheidend ist.»

1993 kam es zu einem Einbruch der Konjunktur im Westen, und die Arbeitslosigkeit begann auch hier wieder zu steigen. Doch im Osten tat sie das nach wie vor deutlich dramatischer. 1995 waren bei der Bundesagentur für Arbeit 3,6 Millionen Personen arbeitslos gemeldet. Das entsprach einer gesamtdeutschen Arbeitslosenquote von insgesamt 9,4 Prozent aller zivilen Erwerbspersonen. Bei einer näheren Betrachtung ergeben sich allerdings erhebliche Differenzen: Im Osten waren in den 1990er und frühen 2000er Jahren praktisch fast alle Familien von Arbeitslosigkeit, Vorruhestand, Umschulungsmaßnahmen betroffen, im Westen gab es weder eine Transformation noch einen solchen sozialen Umbruch, erst recht nicht mit den kulturellen Folgen, die wiederum erst in den letzten Jahren überhaupt ins gesellschaftliche Bewusstsein drangen.

2005 kam es deutschlandweit zu einer Steigerung der Arbeitslosenzahl gegenüber dem Vorjahr um 10,9 Prozent, wobei hier auch maßgeblich die Zusammenlegung von Arbeitslosen- und Sozialhilfe, also der sogenannte Hartz-IV-Effekt, zu Buche schlug. Die Arbeitsmarktreformen unter Kanzler Schröder trafen Ostdeutsche zunächst stärker als Westdeutsche. Langfristig aber leiteten sie einen

Prozess ein, in dem die Arbeitslosigkeit insgesamt zurückging und die Unterschiede zwischen Ost und West abgebaut wurden. Verlief dies zunächst sehr minimal, liegt die Differenz zwischen in Ost und West gemeldeten Arbeitslosen seit 2019 unter zwei Prozent.

Diese Situation verlangte Ostdeutschen eine hohe Bereitschaft zu beruflicher Mobilität und deutschlandinterner Migration ab. Diese ließ sich beispielsweise von Jüngeren besser leisten als von Älteren, insbesondere weil alle Jahrgänge bis 1970 bereits Leben in der DDR hatten, in welchen sie Mitläufer*innen oder gar Kader der SED-Diktatur gewesen waren. Frauen wiederum zeigten sich flexibler als Männer, weswegen Männer in ländlichen Räumen Ostdeutschlands, wie der Soziologe Steffen Mau schreibt, besonders prekär lebten.

Analog zum wirtschaftlichen Umbruch vollzog sich ein grundlegender Systemwechsel in Justiz, Politik, Verwaltung oder Bildung. Dieser schloss einen als «Abwicklung» bekannten Paradigmenwechsel ein, der Strukturen und Institutionen ebenso betraf wie Verhaltensweisen und Kompetenzen und personell mit einem Elitenwechsel verbunden war. Dieser basierte auf der Schaffung neuer, teilweise zusätzlicher Stellen, vor allem aber auch darauf, ostdeutsche Personen zu entlassen und durch westdeutsche Personen zu ersetzen. An Universitäten etwa griffen Abwicklungsmaßnahmen, welche insbesondere in den Geisteswissenschaften eine Befreiung von SED-Ideolog*innen herbeiführen sollten und in den meisten Fällen Westdeutsche auf die freiwerdenden Stellen brachte. Das betraf auch andere Berufsstände. Während ostdeutsche Fachkräfte in die Abwertung und/oder Arbeitslosigkeit gingen, wurden westdeutsche aufgewertet – auch finanziell. Etwa durch die sogenannte «Buschzulage». Bände spricht dabei, dass die Metapher ein rassistisches Wort nutzte, das den kolonialen Raum als undankbares Chaos erzählt. Die Schieflage wurde noch dadurch verstärkt, dass DDR-Berufs- oder Hochschulabschlüsse in der neuen Bundesrepublik oft nicht als gleichwertig anerkannt wurden.

Ich selbst befand mich 1990 im letzten Semester meines Studiums zur Diplomlehrerin Deutsch und Englisch. Wie alle anderen meines Jahrgangs auch wurde ich aber vor die Wahl gestellt, entweder vom 10. ins 5. Semester hinuntergestuft zu werden, damit ich mir einen «Westabschluss» verdiene, oder aber alle Prüfungen in sechs Wochen abzulegen, bevor die neuen Regelungen griffen. Ich entschied mich für Letzteres. Das öffnete mir die Möglichkeit, einen MA-Abschluss in Großbritannien zu erwerben, wo mein Diplom-Abschluss aus der DDR anerkannt wurde. Nach London zu gehen aber war eine Option, die sich den wenigsten bot. Denn so ein Neustart war teuer, und ich konnte ihn nur mittels eines extra für Ostdeutsche eingerichteten DAAD-Stipendiums und der Bereitschaft meiner Eltern finanzieren, ihre gesamten kleinen Ersparnisse zu investieren.

Inmitten der Aufbrüche erfuhren Ostdeutsche inspirierende Freiräume und Möglichkeiten, aber auch schmerzhafte Brüche, Überforderungen und Enttäuschungen. Nicht nur das Tempo der Transformation fühlte sich oft nach Überrollt-Werden an, sondern auch die konkrete Umsetzung, welche Ostdeutschen Kompetenzen mit rasantem Verfallsdatum und Erneuerung auf Überholspurtempo abverlangte.

Das wurde noch durch die digitale Revolution als rasantester Beschleunigungsmaschinerie der Menschheitsgeschichte verschärft. Zudem erfuhren deutsch-deutsche Selbstverständnisse dadurch eine Zäsur, dass in Europa (jugoslawischer Bürgerkrieg) und unter deutscher Beteiligung (in Jugoslawien wie Afghanistan) wieder Krieg geführt wurde. Alles war im Fluss, nichts stabil.

Und so pendelte der ostdeutsche Einzug ins bundesdeutsche Deutschsein hin und her zwischen Befreiungseuphorie und Aufbruchsstimmung einerseits und der ostdeutschen Zerrissenheit, aushalten zu müssen, nicht ganz dazuzugehören zum Normalitätsmodus – zu Deutschland, zu Europa, zum Westen. Dieser Kontext aber prägte, wie Ostdeutschland in die Krisen des neuen Jahrtausends schritt – welche, wie alle Krisen, bestehende Problemlagen, und damit auch das deutsch-deutsche Gefälle, in besonderer Schärfe hervortreten ließen.

Die Finanzkrise von 2008 schreckte die Welt auf und ließ alle in den Abgrund des Finanzkapitalismus schauen. Weltweit retteten Regierungen in Schieflage geratene Banken mit astronomischen Beträgen. Milliarden wurden mobilisiert, während zuvor am Sozialstaat gespart worden war. Der neoliberale Turbokapitalismus war entzaubert und stand nackt da. In Ostdeutschland erzeugte das mentalen Frust, der an schon im DDR-Staatsbürgerkundeunterricht angelegten Stereotypen andocken konnte. Dass die damals eher abstrakte Kapitalismuskritik jetzt im eigenen Lebensumfeld einen Widerhall fand, stellte sich kritischen Blicken auf die DDR in den Weg und verstärkte zudem bereits bestehende Zukunftsängste. Zwar wurde der wirtschaftliche Absturz vermieden, und Deutschland profitierte massiv von den in der Folgezeit stark sinkenden Zinsen auf Staatsanleihen. In der Ära Merkel kam es zu einer Periode der Wohlstandssteigerung, die erst mit der Inflation nach der Covid-Pandemie und dem russischen Angriffskrieg auf die Ukraine endete. Doch von den wirtschaftlichen Rahmenbedingungen in der Zeit nach der Finanzkrise profitierten jene überproportional, die Vermögenswerte wie Immobilien oder Aktien besaßen. Strukturell gesehen waren und sind das vor allem Westdeutsche. Umgekehrt konnten Ostdeutsche weniger stark an Vermögen zulegen. Dies vergrößerte die Schere zwischen dem ostdeutschen Arm und dem westdeutschen Reich.

Die Transformationsjahre sind bis heute nicht abgeschlossen. Alles, was die 1990er und frühen 2000er Jahre erzeugten, hat sich nachhaltig in die gemeinsame Bundesrepublik eingeschrieben. Ostdeutsche Bundesländer sind, insbesondere außerhalb der Großstädte, wirtschaftlich-industriell und demographisch gebeutelt worden, wobei sich alles wechselseitig bedingt. Wer konnte, ging in strukturstärkere Gegenden. Und das konnten vor allem junge Menschen mit hochwertigen Bildungsabschlüssen. Und wo es keine demographische Verjüngung oder stabile Wirtschaftskraft gibt, fließen keine Investitionsmittel. Relational gesehen sind Ostdeutsche noch immer stärker als Westdeutsche unter Arbeitslosen vertreten, im Niedrig- und Mindestlohnsektor tätig und verfügen über weniger Rücklagen und Immobilien. Noch immer wird mehr als 90 Prozent dessen, was in Deutschland vererbt wird, in Westdeutschland vererbt. In Spitzenpositionen in Wirtschaft, aber auch Verwaltung, Bildung, Medien oder Kultur sind bis heute Ostdeutsche wenig vertreten. Westdeutsche Hyperpräsenz in Strukturen, Institutionen oder Medien trifft auf eine systemische Absenz von Ostdeutschen in systemrelevanten Strukturen und Positionen. Das aber relativiert die legislative oder judikative Gleichberechtigung Ostdeutscher und prägt Weltsichten und Wahrnehmungen. Die ostdeutsche Sehnsucht danach, dem Westen anzugehören, existiert inmitten der Gewissheit, vom Westen nicht als gleichwertig akzeptiert oder als jenseits von Norm und Zugehörigkeit erzählt zu werden.

Der Westen als Gravitationsmagnet und Erfinder des Ostens

«Der Osten ist eine westdeutsche Erfindung.» Mit dieser Aussage trat Dirk Oschmann 2023 eine neue Diskussionswelle zum deutsch-deutschen Verhältnis los. Für mich fehlte in dieser Debatte, dass der Osten als westdeutsche Erfindung sich aus der westdeutschen Erfindung seiner selbst als normgebendes Vorbild ergibt, das es gewohnt ist, kritikresistent alles nach seinem Ebenbilde zu formen. Der Westen dreht sich um sich selbst. Und als Gravitationsmagnet muss sich dann alles um ihn drehen. Wer Macht hat, bestimmt den Diskurs und die Parameter, die diesen ausmachen. Für alle Anderen begrenzt das den Handlungsspielraum, weil mehr reagiert werden muss als mitgestaltet werden kann. Entsprechend spielen die wechselseitigen Erzählungen in Ost und West nicht in derselben Liga.

Die DDR-Gesellschaft hatte eine Revolution begonnen und gewonnen. Doch diese Revolutionsarbeit wurde hinter der Politik der Großen Männer viel zu schnell viel zu unsichtbar. Die Transformationsjahre taten ihr Übriges, um die Annahme zu bestätigen, dass der Westen auf der Siegerseite der Geschichte stehe. Für Bundesdeutsche war es vor und nach 1989 gängig, Ostdeutsche mit dem

Staat DDR gleichzusetzen – egal wie angepasst oder vielleicht auch kritisch DDR-Bürger*innen dem eigenen Land gegenübergestanden waren. Mit Ausnahme der wenigen Leuchttürme der ostdeutschen Bürger*innenrechtsbewegung wurden DDR-Bürger*innen pauschal für die SED-Diktatur in Haftung genommen. So tradierte sich das überkommene Bild von Westdeutschen als «über alle Zweifel erhabenen» Demokat*innen gegenüber den mit der Diktatur belasteten DDR-Bürger*innen. Das Monopol demokratischer Überlegenheit für sich in Anspruch nehmend, ohne die ostdeutsche Revolutionsarbeit angemessen zu würdigen, wurden Ostdeutsche verallgemeinernd und verabsolutierend als per se «unmündig» oder «verzwergt», «demokratieunfähig» oder «weltfremd» betrachtet. Natürlich gab und gibt es Ostdeutsche, die sagen, dass einem die Meinungsfreiheit nichts nutze, weil man im Westen zwar alles sagen könne, das aber nichts bewirke. Aber die Kanzlerin aus Ostdeutschland ist wohl kaum als verzwergt in Erinnerung geblieben. Offensichtlich haben nicht alle Ostdeutschen einen Crashkurs benötigt, um zu verstehen, dass Demokratie auch in der Opposition gelebt wird und dass sich Mehrheitsentscheidungen auch gegen eigene Interessen richten können. Aber fast alle, auch im Westen, hätten davon profitiert, wäre etwa das Einmaleins von Grundgesetz und repräsentativer Demokratie öffentlich besprochen worden. Dies hätte auch Raum dafür geboten, das deutsch-deutsche Machtgefälle zu debattieren, das Ostdeutsche über klassistische Abwertungsparadigmen, angebunden an Aussehen, Habitus oder Dialekt, als Andersdeutsche setzt und dabei das tradierte Mantra murmelt: «Wessi, der alles hat und alles richtig macht, versus Ossi, die nichts richtig gemacht hat, nichts besitzt, folglich nichts zu sagen hat und andersdeutsch bleibt.»

Dieses Narrativ prägte den ostdeutschen Weg ins neue Deutschland und ließ dabei wenig Raum für Ostdeutsche, das ihnen zugewiesene Unterlegenheitsgefühl abzustreifen. Das ohnehin marode ostdeutsche Selbstbewusstsein, das sich in den 40 Jahren der Teilung am Westen die Nase platt gerieben hatte, ohne umgekehrt wertgeschätzt zu werden, bröckelte weiter. Das aber hatte enormes

Frustrationspotenzial für Ostdeutsche. Auch dass diese Empfindungen im Westen nicht gesehen, sondern weggelächelt wurden, erzeugte Empörung.

Nun könnte man sagen, was kümmert's euch? Macht, was ihr wollt. Seid, wer ihr seid. Aber so einfach ist das nicht. Denn so eine «Na und, das perlt an mir ab»-Haltung ist leichter mit gesellschaftlicher Bestätigung als Rückenwind als mit Ausgrenzungserfahrungen im Rucksack.

Um sich bestmöglich zu schützen, ist es für Diskriminierte wichtig, die Blicke auf sich zu kennen. Sie können sie nicht ignorieren. Sie müssen sie sich anschauen, um daraus Strategien zu entwickeln, damit umzugehen. Das ist überlebenswichtig. Denn in jeder Alltagssituation kann ein Stereotyp zum Brandsatz werden, der die eigene Seele oder den eigenen Körper angreift. Entsprechend mussten auch Ostdeutsche schnell lernen, den westlichen Blick auf sich zu lesen und wie darauf zu reagieren ist. So war für viele Ostdeutsche schnell klar: eine deutliche Abgrenzung zu ihrer DDR-Biografie, die auch eine Distanzierung zur SED-Diktatur beinhaltete, schien gewünscht – was aber in weiten Teilen tatsächlich alles andere als selbstverständlich war. Das erforderte innerostdeutsche Debatten über Verantwortlichkeiten und Säumnisse und führte zu Dialogen darüber, wie man zur DDR als Unrechtsstaat stehe. Das prägte kollektive ebenso wie persönliche Erzählungen. Bei diesen ging es immer wieder um eines: Warst du bei der Stasi? Warst du Feind*in der SED-Diktatur?

Ob im öffentlichen Raum oder am Küchentisch, Ostdeutsche mussten sich mit den eigenen Kompromissen gegenüber der DDR-Diktatur oder gar einem diktaturaffinen Ich auseinandersetzen. Manche verteidigten die Strukturen und ihre Rolle darin. Viele aber fühlten sich unwohl damit, die Strukturen der SED-Diktatur mit Leben gefüllt zu haben. Die Mehrheit der DDR-Bürger*innen hatte die Revolution von einer Minderheit aus ihren eigenen Reihen geschenkt bekommen. Doch auch viele der Opportunist*innen oder Mitläufer*innen hatten sich nicht mit den Inhalten der SED-Diktatur identifiziert. Um das differenziert darzulegen, fehlte im von verallgemeinernden Fremdzuschreibungen angeheizten Schulddebattenraum die Voraussetzung. Denn ganz konkret bedeutet Aufarbeitung immer auch, sich zu eigenen persönlichen Schwächen oder Fehlern zu bekennen. So mit gelebtem Leben umzugehen, ist bekanntlich weder eine menschliche Stärke noch einfach umzusetzen. Dabei kommt erschwerend hinzu, dass diese notwendigen innerostdeutschen Debatten noch mal aufwühlender waren, weil die ostdeutschen Selbsterzählungen aus dem Westen nicht nur beobachtet, sondern auch bewertet wurden – bis hin dazu, dass sie zugleich auch über den künftigen Platz in der Bundesrepublik entschieden. Mit einem IM-Hintergrund etwa waren die meisten Türen gründlich verschlossen, aber andere Mitgliedschaften in Massenorganisationen der SED-Diktatur konnten das auch verkomplizieren. Das alles verstärkte das Gefühl, in eine Schuldkultur voller Scham und Unbehagen gezwungen zu werden. Vor dem Hintergrund, dass Ostdeutsche größtenteils keineswegs freiwillig in der DDR lebten und es schwer war, ohne Kompromisse mit der Diktatur durchzukommen, fühlte es sich für viele zudem auch falsch an. Und es erzeugte eine Atmosphäre der Halbwahrheiten. Wer Widerstand nicht für sich in Anspruch nehmen konnte, erfand sich dennoch so; oder versteckte zumindest unpassende Bausteine der eigenen Biografie.

Als ich 2010 in Bayreuth als Professorin berufen wurde, musste ich eine umfängliche Erklärung zur Verfassungstreue ausfüllen. Dort wurde u. a. gefragt, ob ich Mitglied der Freien Deutschen Jugend (FDJ) war. In dieser waren über 90 Prozent aller DDR-Jugendlichen ab der 8. Klasse. Ein Studium war ohne FDJ-Mitgliedschaft im Prinzip unmöglich. Wahrheitsgemäß setzte ich ein Kreuz bei der FDJ. Das hatte nach Auskunft des Kanzlers vor mir aber noch keine ostdeutsche Person, von denen es zahlreiche gab, gemacht. Deswegen musste sich der Kanzler der Uni Bayreuth erst beim Bayerischen Ministerium für Wissenschaft und Kunst informieren, wie damit umzugehen sei. Ihm wurde mitgeteilt, dass er mich leider nur berufen könne, wenn ich der FDJ «abschwören» würde. Das war schon paradox. Indem ich jetzt der FDJ abschwor,

2010!, behauptete ich ja indirekt auch, dass ich früher und bis jetzt an die FDJ glaubte. Und das war mitnichten der Fall. Ich war einfach wie fast alle Jugendlichen in der FDJ. Aber es war am Tag meiner Ernennung zur bayerischen Beamtin, dass ich mich zur FDJ bekannte, indem ich ihr entsagte. Das war mir sehr unangenehm, weil ich unfreiwillig ein Stereotyp bestätigt hatte. Deshalb begann ich, dem Kanzler mein halbes Leben zu erzählen, indem ich mich vor allem auf meinen winzig kleinen Widerstandsmoment konzentrierte. Ich wollte gefallen. So wie mir ging es vielen Ostdeutschen. Vielen fehlte wie mir der notwendige Mut zu einer ambivalenten biografischen Erzählung, die auch von Opportunismus und Mittäter*innenschaft erzählte.

Umgekehrt war es für Westdeutsche weder zwingend, sich differenziertes Wissen über den Osten anzueignen und entsprechend zuzuhören – noch sich dem Osten zu erklären oder sich zu ostdeutschen Blicken verhalten zu müssen. 1989 war für den Westen keine Zäsur, weder in der Selbstverortung noch hinsichtlich tradierter Erzählungen.

Dabei hätte die deutsch-deutsche Einigung samt ihrer Debattenkultur enorm davon profitiert, wenn auch Westdeutsche Reflexionsprozesse zugelassen hätten. Weil es leicht ist, in der Freiheit frei zu leben, wäre es für die Debattenkultur wichtig gewesen, wenn sich Westdeutsche ehrlich der Frage gestellt hätten, wer sie geworden wären, wenn sie in die Diktatur hineingeboren worden wären. Bist du dir sicher, dass du nicht mitgemacht hättest, um etwa deinen Traumberuf zu bekommen (denn auch Berufsvergabe wurde antifreiheitlich-planwirtschaftlich und gegen die Interessen Einzelner gesteuert). Die Debattenkultur hätte auch durch westdeutsche Überlegungen dazugewonnen, was Westdeutsche über die DDR und ihre Menschen dachten (und warum) – und wie sich Westdeutsche zu DDR-Bürger*innen verhalten haben.

Was also meint «ostdeutsch»?

Bei aller Diversität der Biografien gibt es Erfahrungen, die Ostdeutschen mehrheitlich vertraut sind und jenen, die in der alten Bundesrepublik geboren und sozialisiert wurden, nicht. Ein entsprechender Test würde Wissen über Pittiplatsch, *Alfons Zitterbacke* oder *Paul und Paula* ebenso einschließen wie die Erinnerung daran, dass es nicht unerwartet war, dass ein Freund in dem Land ohne Telefone einfach so zu Besuch kam oder dass es in der Ostberliner Markthalle Kakao-H-Milch gab.

Ostdeutsch ist aber nicht allein an Erfahrungen gebunden, welche die DDR zu verantworten hat, sondern auch dadurch geprägt, wie die Revolution gestaltet, die deutsche Einigung vollzogen wurde und sich die Transformation gesellschaftlich und individuell auswirkte. Ein entsprechender Test würde Wissen darüber bestätigen, was eine Person oder zumindest ein Elternteil am 9. November 1989 oder 3. Oktober 1990 gemacht hat, was die Treuhand ist und wer danach seinen Job verlor oder sich beruflich radikal neu aufstellte.

Im Ostdeutsch-Sein steckt Migration einer eher selteneren Art: Menschen verlassen nicht den Ort, aber der Ort verlässt sie, wird ein anderer. Und obwohl das gleiche Haus an der gleichen Ecke steht, ist alles in einer neuen Zeit angekommen. Voller Möglichkeiten, die vorher verbaut waren. Aber verbaut ist auch das Herkunftsland. Irreversibel unbetretbar. Mehr noch. Das Land der Kindheit, der ersten Liebe, der ersten Wunden: Es ist weg, mitsamt seiner Gerüche, Geschmäcker und Momente, in denen Ostdeutsche trotz der Diktatur auch heil waren. Und obwohl die Diktatur überwunden ist, ist nicht alles in Ordnung. Das wird durch eine zweite, Migration oft anhaftende Erfahrung bedingt: Das neue Land hatte Ostdeutsche vor 1989 nicht geschätzt und nach 1989 trotz des deutschen Passes nicht als vollwertiges Mitglied empfangen, sondern in ein Diskriminierungskorsett gepresst.

Kaum ein Mensch schafft es, durchs Leben zu gehen, ohne (auch mal) beleidigt, beschimpft, gedemütigt oder einfach nur pauschalisierend bewertet zu werden. Dies ist in jedem einzelnen Fall schmerzlich und ungerecht. Doch nicht alles davon ist Diskriminierung. Denn diese ist immer an Macht- und Herrschaftsstrukturen gebunden. Solange wir in die Menschheitsgeschichte zurückschauen, baut diese auf gesellschaftlichen Ordnungen auf, die einigen mehr Rechte oder Ressourcen gewähren als Anderen. Das erleben diese als Privilegien. Wer aber davon ausgeschlossen wird, erfährt dies als Ausbeutung und Diskriminierung. Diese Dynamik beschreibt, wie Macht aus geografischen Räumen und kulturellen Prägungen politische Räume macht, welche Sozialisationsmuster prägen. Das ist es, was mit sozialen Positionen gemeint ist. Diese sind immer da, unabhängig davon, ob sie wahrgenommen und benannt werden. Wer auf dem Olymp der Macht sitzt, wird als Norm privilegiert und mit dem Instrumentarium ausgestattet, andere als «Andere» davon auszugrenzen.

Zur Komfortausstattung der Privilegierten gehört es, Diskriminierung und die eigene Beteiligung daran nicht bemerken zu müssen. Doch während jene, die auf dem Olymp sitzen und Macht innehaben, ihre Privilegien oft nicht reflektieren, ist es für Diskriminierte weitgehend unumgänglich, die erfahrene Ausgrenzung wahrzunehmen. Und genau das schreibt sich in ihre Selbstverortungen ein.

Im Fall des deutsch-deutschen Verhältnisses sind West- und Ostdeutschland keine Orte im regionalen Sinne, sondern vielmehr machtkodierte Räume, in denen sich eine westdeutsche Position der Privilegierung und eine ostdeutsche Position der Diskriminierung gegenüberstehen. Das drückt sich etwa in der Gegenüberstellung «Alt» versus «Neu» (in alte und neue Bundesländer) aus. Alt meint jene, die schon immer da waren, und setzt sie auch als rechtmäßig Zugehörige. Die Anderen kamen später. Das ist aber letztlich ebenso wenig zeitlich wie räumlich gemeint. Es geht um Normsetzungen und die entsprechenden Machtkontexte, welche Privilegien, Ressourcen und Zugehörigkeiten, auch im Sinne von «Norm/alität» zu sein, ungleich verteilen.

Ein Beispiel, das Ostdeutsche dafür gern anführen, ist die Frankfurt-Frage. 1989 sprachen Ostdeutsche wie Westdeutsche nur von Frankfurt und meinten jeweils «das ihrige». Mit dem Rückenwind der Geschichte empörte das Westdeutsche mehr als Ostdeutsche, was schließlich darin resultierte, dass es sich durchsetzte, gleichsam asymmetrisch von Frankfurt (am Main) und Frankfurt/Oder zu sprechen. Frankfurt/Main ist Frankfurt, das andere Frankfurt ist das, das dazu sagen muss, dass es an der Oder liegt. Würden Ostdeutsche Frankfurt sagen und Frankfurt/Oder meinen und das Weglassen von «an der Oder» mit einem «Na und?» begründen können? Nein. Das ist eben der Unterschied zwischen Ost und West. Die Macht, sich als deutsche Norm zu sehen, ist, strukturell gesehen, Westdeutschen zugänglich, Ostdeutschen aber nicht.

Am Ende ist also «ostdeutsch» nicht einfach ein geografisch und kulturell geprägter Erfahrungsraum, sondern eine machtkodierte Position und Identität. Im «Ostdeutsch» steckt die Erfahrung, dass Ostdeutsche im innerdeutschen Machtgefälle diskriminiert werden, wobei sie nicht umhin können, das auch so zu erfahren und wahrzunehmen.

Laut einer repräsentativen Umfrage von Infratest dimap fühlen sich nur 18 Prozent der Westdeutschen als «Westdeutsche», dagegen 76 Prozent einfach nur als «Deutsche». Umgekehrt fühlen sich nur 50 Prozent der Ostdeutschen als «Deutsche» und 40 Prozent explizit als «Ostdeutsche». Das korreliert damit, dass sich 43 Prozent der Ostdeutschen als «Bürger zweiter Klasse» fühlen. Das bindet Jahrgänge mit ein, die die DDR nur als Kinder erlebten oder nach der «Wende» in ostdeutsch sozialisierten Familien aufwuchsen und dort etwa am Küchentisch oder bei Geburtstagen mit Pittiplatsch oder dem «Wo warst du am 9.11.89»-Story-Wettbewerb gefüttert und mit dem Schmerz konfrontiert wurden, ausgegrenzt und abgehängt zu werden. Umgekehrt aber gilt das nicht für rein westdeutsch sozialisierte Familien, die etwa in Erfurt arbeiten und leben. Immer wieder habe ich Menschen getroffen, die seit einigen Jahren in Erfurt oder Magdeburg leben und sich gern mit dem Scherz vorstellen, dass sie jetzt Ostdeutsche seien. Doch das sind sie eben nicht, denn ihnen fehlt die entsprechende Sozialisation, das dazugehörige kollektive Familienwissen, und vor allem werden sie nicht als Ostdeutsche diskriminiert. Sie sind Teil der Diskriminierungsstruktur. Und sich als Ossis zu positionieren, ist eine machtverleugnende Aneignung.

Anders als bei vielen anderen Diskriminierungsformen haben Ostdeutsche unter bestimmten Umständen die Möglichkeit, ihre ostdeutsche Herkunft zu vernebeln – etwa wenn sie Arbeit im Westen finden und dorthin umziehen können. Während meines Studiums in London wurde ich verwundert gefragt, warum ich ohne Kopftuch zur Uni komme. Für meine Kommilitonen waren DDR und die Sowjetunion eins. Auch ohne Kopftuch konnte ich als Ossi gelesen werden. Mein Geburtsort verriet mich, mein Habitus oder auch mein zuweilen durchschimmernder sachsen-anhaltinischer Dialekt. Aber es passierte auch sehr schnell, dass ich mein eigenes Ostdeutschsein verleugnen wollte und mich so zu assimilieren wusste, dass ich vielerorten als «Wessi» durchgehen konnte.

Ich lebe seit 33 Jahren mit Ilko-Sascha Kowalczuk zusammen, der es sich zu seinem Lebensziel gemacht hat, den Kommunismus und die SED-Diktatur wissenschaftlich und publizistisch kritisch aufzuarbeiten. Jahrzehntelang war ich der Meinung, dass ich längst nicht mehr über die DDR und meine Zugehörigkeit zu ihr nachdenken würde, wenn er nicht häufig von dieser erzählte. Doch das stimmt nicht. Ich habe einfach nur versucht, sie hinter mir zu lassen. Ich habe die DDR nicht geliebt, sondern gefürchtet. Sie hatte mich erdrückt. Und auch nach 1989 war es mir peinlich, Ostdeutsche zu sein. Ich wollte einfach nichts mit den Bananen- und Nazi-Ossis zu tun haben, und deswegen tat ich so, als gehörte ich nicht dazu. Das aber nützte mir gar nichts. Am Ende war das nur eine Hilfskonstruktion, die nicht funktionierte.

Jeder Versuch einer Verleugnung ist immer auch ein Stück Selbstaufgabe, die letztlich nach hinten losgeht. Das Verleugnen der ostdeutschen Identität schützt beispielsweise keineswegs davor, mit Ossis angedichteten Stereotypen, Sprüchen oder Erzählungen diskriminiert zu werden. Je mehr ich als Wessi durchging, umso mehr passierte mir dies. Denn ich hörte mehr davon. Und wenn ich versuchte, mich nicht angesprochen zu fühlen, fühlte ich mich nur umso schutzloser mitgemeint bei dem, was über Ostdeutsche behauptet wurde und wird. Manchmal reagiere ich mit Fremdschämen, manchmal spüre ich den Druck, dass, wenn ich als Ostdeutsche gelesen werde, ich automatisch Ostdeutschland repräsentiere. Eine für alle. Und wollte es entsprechend beschützen, verteidigen, ehrenretten.

1990 fuhr ich etwa im ICE, und vor mir kaufte ein Mann mit sächsischem Dialekt eine Sprite. Er bestellte sie ausgesprochen als SPRIETE. Der Speisewagenmitarbeiter machte sich darüber lustig, indem er auch SPRIETE sagte. Ich wollte gar keine Sprite kaufen, bestellte sie dann aber, um den Namen des Getränks Englisch auszusprechen. Dann gab ich mich als Ossi zu erkennen. Solche Situationen wiederholten sich immer wieder. Beim Anglistentag im Jahr 2002 wurden beim Abschiedsdinner ununterbrochen Ossi-Witze und -Anekdoten erzählt. Als ich mich dann irgendwann als Ossi zu erkennen gab, folgte ein kurzes betretenes Schweigen und dann der vergiftete Spruch: «Sieht man dir nicht an.»

Angesprochen fühlte ich mich dennoch. Unabhängig davon, ob das betreffende Stereotyp in das eigene Selbstbild passt. Ich war längst zur Ostdeutschen gemacht worden, ohne jede Macht, mich dem zu entziehen. Am Ende bin ich weniger wegen meines Geburtsortes zur Ossi geworden als vielmehr, weil Diskriminierungsmuster Ostdeutsche kollektiv positionieren. Westdeutsche Diskriminierung gegenüber Ostdeutschen ist DER Brennstoff der ostdeutschen Identität.

Trotz alledem. Und deswegen: Das Erfahren von Diskriminierung ist nur die eine Seite der ostdeutschen Identität. Sich zu dieser zu verhalten, die andere. Im Angesicht der westdeutschen Diskriminierung gegenüber Ostdeutschen kann ich mich hilflos fühlen oder ängstlich, ich kann mich empören oder ärgern. Manchmal fühle ich alles auf einmal. Dennoch kann ich mit Ostalgie – also nostalgischen Erinnerungen, die positive Erfahrungen in der DDR überproportional verstärken – ganz und gar nichts anfangen. Denn es verharmlost die Diktatur. Scham aber empfinde ich als Ostdeutsche vor allem, weil ein Drittel der Ostdeutschen hinter der AfD steht. Doch ist das nicht absurd? Denn zwei Drittel der Ostdeutschen stehen nicht hinter der AfD. Und fast alle Ostdeutschen, die ich kenne, sind offen gegen die AfD. Wie gerne würde ich sagen, ich bin stolz, ostdeutsch zu sein. Doch ich kann es nicht. Denn in diesen Tagen klänge es nach AfD-Zuspruch. Deswegen will ich mir mein Ostdeutschsein zurückholen. Ich will nicht länger wegschauen und es hinnehmen. Hinnehmen will ich weder die AfD-Ostdeutschen noch die Westdeutschen, die mich mit diesen in einen Topf werfen. Ich will als Ostdeutsche in meiner Individualität gesehen werden; ich will, dass Machtgefälle und Diskriminierungsmuster endlich gesehen und ernst genommen werden; ich will, dass Westdeutsche ihre Rolle bei der Erfindung Ostdeutschlands anerkennen. Und ich will, dass die AfD als gesamtdeutsches Problem ernst genommen wird. Und dann, ja dann, dann kann und will ich sagen: Ich bin Ostdeutsche, und das ist auch gut so. Und wenn das viele Ostdeutsche sagen können, dann kann sich Ostdeutschland noch mal neu aufstellen; dann kann Ostdeutschland sich noch mal neu erfinden.

3. Wie ich lernte, Diskriminierung zu sehen

Wie afrikanischer Feminismus mich sensibilisierte

Bis kurz vor der Revolution von 1989 kannte ich nahezu keine Person, die rassismus- oder sexismuskritisch war. Mehr noch, diese Worte gab es in der Welt, aus der ich stamme, nicht. «Die Frau» galt als gleichberechtigt. Rassismus wurde wegerklärt. Gesprochen wurde von Faschismus (mit Blick auf den Nationalsozialismus) und dann, nach 1990, von «Ausländer- oder Fremdenfeindlichkeit». Dabei geht es ja gar nicht um «Ausländer» oder «Fremde». Denn Rassismus trifft in Deutschland geborene Schwarze oder Muslim*innen ebenso wie Geflüchtete. Und auch «Feindlichkeit» greift letztlich zu kurz. Die Winnetou-Liebe der Deutschen ist ja erst mal nicht feindlich gemeint. Im Kern aber verschleiert die Winnetou-Erzählung die Feindlichkeit, mit der Europas Kolonialismus Indigenen Menschen begegnete. Dieser erfand in den Amerikas lebende Menschen als Teil der Natur, was beinhaltete, dass ihnen das vollwertige Menschsein abgesprochen wurde. Als Kind sah ich das nicht. Ich las alle Winnetou-Romane mehrfach. Wurde einer der Filme ausgestrahlt, saß ich voller Glück vor dem Fernseher. Denn mein Vater saß neben mir, und die Filme machten ihn weich und zugänglich. Spielte ich allein oder mit Freund*innen, liebte ich Rollenspiele. Ich war Winnetous Schwester, die gegen die «bösen Weißen» kämpfte. Wörter wie «kulturelle Aneignung» des antikolonialen Widerstandes kannte ich noch nicht. Auch konnte ich damals nicht sehen, dass sich Karl Mays Erzählung des Winnetou-Widerstandes niemals gegen Kolonialismus und dessen Verdrängung Indigener Menschen an sich richtete. Wenn ich Winnetous Schwester spielte, wurde ich immer von den bösen Weißen gefangen genommen und dann von Winnetou und Old Shatterhand befreit. Mir fiel nicht auf, dass ich mich dabei mit der passiven Frauenrolle begnügte. Und dass ich wohl doch nicht so gleichberechtigt war, wie die DDR behauptete, wurde mir erst langsam bewusst.

Seit ich 14 war, gehörten sexuelle Belästigungen zu meinem Alltag. Männer kommentierten meine Brüste. Sie fassten sie an. Ich glaube, ich wartete auf Winnetou, einen Bruder, der mich beschützen würde. Er kam nicht. Und dass ich mich allein schützen könne, daran glaubte ich nicht. Hilflosigkeit ist ein starkes Gefühl. Dennoch schämte ich mich. Ich schämte mich sogar dafür, unter den Blicken und Griffen zu leiden. Ich dachte, ich sei einfach nur überempfindlich. Mit 21 hatte ich bereits eine Vergewaltigung und mehrere Vergewaltigungsversuche überlebt. Einmal konnte ich einen Vergewaltiger aus dem Tunnel auf die Straße locken. Es war nachts, und zum Glück stand dort ein anderer Mann. Den bat ich um Hilfe. Doch er meinte, dass ich das schon selbst lösen müsse. Ein anderes Mal hatte ich mich mit einem guten Freund im Pirin-Gebirge verlaufen. Es dämmerte, als wir einen Schafhirten sahen. Wir fragten ihn nach dem Weg, wie ich dachte, und er verlangte als Gegenleistung, dass ich ihm beim Masturbieren zuschaue. Der angebliche Freund von mir sagte, dass das klar ginge. Wer solche Freunde hat, braucht keine Feinde. Ich erduldete auch das. Ein anderes Mal wurde ich entführt. Als ich wegrennen wollte, bat mich eine Freundin von mir, das nicht zu tun. Sie könne nicht mitlaufen, weil sie Asthma habe. Ich blieb also im Auto. Doch bei der nächsten Gelegenheit sprang die Freundin von mir aus dem Auto, ohne mich darauf vorzubereiten. Als ich begriff, dass sie raus war, war das Auto schon losgefahren – und ich musste unter Lebensgefahr flüchten. Den Schmerz, den diese Erfahrungen in mir schreien ließen, stopfte ich in meinen Körper. Und inmitten dieses Traumas verlor ich meinen Kontakt zu ihm und akzeptierte sexuelle Gewalt als Teil meiner Normalität. Fast schon absurderweise schloss es ein, meinen Körper männlichen Schönheitsvorstellungen anzupassen. Wenn mir Männer nachpfiffen, versuchte ich, das als Kompliment aufzufassen, statt die Angst zuzulassen.

Ich wurde rassistisch und sexistisch sozialisiert. Das hat sich erst mal völlig unabhängig von meinem Wollen und Bemerken vollzogen. Bis ich aufwachte. Eigentlich wachte ich nicht auf. Ich wurde geweckt. Als ich zu studieren begann, sah meine Freundin Grit, dass ich ein Mieder trug, um meinen Körper zu modellieren, und hielt eine feministische Brandrede, die mich für immer prägte: Dein Körper gehört dir und nicht den Schönheitsidealen. Frauen sollen sich dem Hausfrau- und Muttersein fügen, doch das ist nichts als eine sexistische Erwartung. Das erste Mal in meinem Leben konnte ich das Grummeln, das ich der Erziehung meiner Eltern leise entgegensetzte, in etwas übersetzen, dass ich wollte: Ich möchte Feministin sein. Ohne Korsett und als Aktivistin, die sich der von meinen Eltern auferlegten Pflicht entledigte, das Existenzrecht daraus zu ziehen, Ehefrau und Mutter zu sein. Dieser neue Teil in mir bekämpfte die Hilflosigkeit und suchte nach Sicherheit für meinen Körper, den ich nunmehr hinter schludrigen und befleckten Sachen zu verstecken begann – sowie nach Visionen, die große Träume zuließen.

1987 luden mich, wie bereits erwähnt, die beiden in Ost-Berlin lebenden Kommunistinnen Hanna Behrend und Sabine Nathan ein, an ihrem feministischen Lesekreis von Arbeiter*innenliteratur teilzunehmen. Wir diskutierten patriarchalische Herrschaft, und ich konnte erstmals hinter die Kulissen des Patriarchats schauen: Als Herrschaft des Mannes stützt es sich auf ein Weltbild, das Fortpflanzung zum Maß aller Dinge erhebt. Frauen seien von Natur aus dazu bestimmt, Gebär-Gefäße zu sein, während der Mann der Schöpfer sei. Und da Frauen nun mal das ‹Haus der Fortpflanzung› wären, könnten und müssten sie auch zu Hause bleiben, um sich um Kinder und Haushalt zu kümmern. Der Mann müsse dies nicht, denn er sei ja dazu bestimmt, den öffentlichen Raum zu gestalten. Entsprechend müsse er Frauen auch aus diesem fernhalten und sei als eigentlicher Erzeuger und Alleinverdienender auch der Vormund der Familie. Diese (wirtschaftliche) Abhängigkeit, die sich als «Fürsorge» tarnte, galt es für die Frau zu verdienen. Sie solle daher gehorsam und treu sein sowie körperlich attraktiv, um die Lust des Mannes anzuregen und den Motor der Fortpflanzung in Gang zu halten. Umgekehrt schließt das ein, dass Männer es als ihr Recht ansehen, über Frauen und ihre Körper verfügen zu können. In der eigenen Familie. Aber das strahlt auch in die Gesellschaft aus. Das ist eine zentrale Ursache für ein Selbstverständnis von Männern, Frauenkörper auf der Straße kommentieren und bewerten zu können, und diese Grundkonstellation bildet auch ein Fundament für sexuelle Belästigung und Vergewaltigung. Interessant war für mich, dass die relative wirtschaftliche Unabhängigkeit von Frauen in der DDR gar nichts an sexistischer Gewalt geändert hatte, was ja eben bewirkt hatte, dass ich selbst mit meinem Schmerz inmitten dieser Geschichte stand. Ich verstand aber auch, dass das, was mir geschehen war, nicht aus Zufall passierte. Nicht, weil ich am falschen Ort war. Nicht, weil ich einen Minirock trug. Sondern weil das Patriarchat sich die Welt genau so gebaut hatte. Diese Erkenntnis führte bei mir zu einer Empörung, die Wissensdurst erzeugte.

Ich las Immanuel Kant und Jean-Jacques Rousseau und verstand erstmals, dass die revolutionäre Parole «Freiheit, Gleichheit, Brüderlichkeit» wirklich so gemeint war. Dass sie nur für die Rechte von Männern galt und dabei Frauen ausschloss. Sie standen ein für die Überzeugung, dass Frauen gar kein Recht auf Rechte hätten und es Unrecht sei, dies einzufordern: Es sei «töricht», schreibt Jean-Jacques Rousseau in *Émile ou de l'éducation* (1762), «über den Vorrang oder die Gleichberechtigung der Geschlechter zu streiten.» Vollkommenheit der Gesellschaft sei nur zu erlangen, wenn akzeptiert werde, dass allein Männer vernunftbegabt seien. Und auch Gerechtigkeit lasse sich nur so erreichen. Immanuel Kant bringt dies in «Beobachtungen über das Gefühl des Schönen und Erhabenen» (1764) wie folgt auf den Punkt: «Denn es ist hier nicht genug sich vorzustellen, daß man Menschen vor sich habe, man muß zugleich nicht aus der Acht lassen, daß diese Menschen nicht von einerlei Art sein.» Mit anderen Worten: Da Frauen Männern unterlegen seien, wäre es ungerecht, ihnen die gleichen Rechte zuzugestehen.

Um zu versinnbildlichen, warum dies absurd sei, sagt Kant, dass Frauen, die Griechisch lernen oder die Gesetze der Mechanik erörtern wollen, dann doch gleich auch noch Bärte tragen könnten.

Zwar gab es seit der Antike immer Nischen, in denen Frauen, vor allem aus reichen Familien, auf basale Bildung Zugriff hatten – im privaten Unterricht zu Hause, in Klöstern oder Schulen. Letztere waren ab dem 13. Jahrhundert für Mädchen zugänglich und ein Privileg wohlhabender Familien. Doch selbst diese investierten in eine grundständige Schulbildung von Mädchen nur zaghaft. Zwar gab es ab dem 16. Jahrhundert erste Modelle einer Schulpflicht für Mädchen; doch das waren absolute Ausnahmen. Mary Wollstonecraft schrieb in *A Vindication of the Rights of Women* (1792) über Shakespeares fiktive Schwester Judith, die keinen Zugang zu Bildung hätte haben dürfen. Immer wieder las ich diese Passage und weinte. Die Welt hatte und hat so viele Probleme. Da ist es doch völlig absurd, nicht die Kompetenzen aller nutzen zu wollen. Wieso sollte es Sinn machen, auf alle Judiths und Obiomas zu verzichten – in der Literatur, in der Wissenschaft, in der Politik?

Wollstonecraft war in ihrer Zeit revolutionär, in meinen Augen aber moderat. Wie andere Feminist*innen ihrer Zeit trat sie für ein Recht auf Bildung für Frauen ein, allerdings wohldosiert und angepasst an die Rolle von Ehefrau und Mutter. Genau das leistete die basale Schulbildung, die ab dem 18. Jahrhundert Mädchen zugänglich wurde. In den Generationen nach Wollstonecraft wurde Bildung für Frauen losgelöst von diesen Rollen gefordert. Auch wenn einzelne Frauen ab dem 18. Jahrhundert Zugang zu Universitäten hatten, wurde dort das patriarchalische Männer-only-Muster erst ab dem frühen 20. Jahrhundert mehr und mehr aufgebrochen. Parallel dazu erstritten Suffragetten das Wahlrecht für Frauen. Das Wahlrecht war für mich persönlich zunächst diktatorisch und nicht patriarchalisch beschnitten worden und nach 1989 dann uneingeschränkt zugänglich. Bildung und Arbeit wiederum waren für mich selbst keine Baustellen. Jedenfalls dachte ich das. Denn eigentlich hatte ich mich dem Berufswunsch meiner Eltern gebeugt, weil sie mir eine Vereinbarkeit von Arbeit und Mutterschaft abverlangt hatten. Wohl deswegen hatte mich Wollstonecrafts feministische Streitschrift so ergriffen. Für den zeitgenössischen Feminismus, der nach «Männerhass» klang, war ich aber noch nicht reif. Als ich das so benannte, schlug mir Hanna Behrend vor, afrikanische Feminist*innen zu lesen. Immer wenn sie nach London reiste, brachte sie mir fortan einen Roman von Buchi Emecheta oder Flora Nwapa mit. Tatsächlich fand ich dort viele Antworten auf meine Fragen, wer ich sein dürfe in dieser Welt, als Frau. Vor allem aber fand ich eines: Feminismus sagte Frau und meinte *weiße* Frauen, und zwar ohne dies so zu benennen. Wollstonecraft schrieb von Frauen als «Sklaven der Welt», ohne über versklavte Frauen zu reflektieren. Die Forderung nach dem Recht für Frauen, arbeiten zu dürfen, übersah, dass versklavte Frauen und Arbeiter*innen bereits arbeiteten, und zwar unbezahlt oder schlecht bezahlt und unter unwürdigen Bedingungen. Das alles war mir gar nicht aufgefallen. Afrikanische Feminist*innen schubsten mich zu dieser Erkenntnis. Und sie veränderte mein Leben für immer.

Ich hatte verstanden, dass Feminismus für verschiedene Zeiten und Räume etwas anderes leisten musste. Und deswegen hatten Feministinnen of Colour einen Schwarzen Feminismus, Womanismus, Intersektionalität begründen müssen. Ihre Texte wollte ich lesen. Und über diese schreiben. Ich ging in die afrikawissenschaftliche Abteilung der Staatsbibliothek und fand dort rassistische Texte als Meterware vor. Umgekehrt erlaubte mir die Bibliothekszensur der DDR keinen Zugriff auf westliche Zeitschriften und Verlage. Nachdem ich meine Diplomarbeit zur afrikanischen Frauenliteratur zunächst unter DDR-Studienbedingungen notgedrungen ohne jede Sekundärliteratur erarbeitet hatte, musste ich nach meinem ersten Besuch einer Westberliner Bibliothek, in deren freiheitliche Präsenzregale ich mich sofort verliebte, meine Diplomarbeit noch mal ganz von vorne schreiben. Simone de Beauvoirs berühmte Formel, dass eine Frau «nicht als Frau geboren, sondern dazu gemacht» werde (*Le deuxième sexe*, 1949), war für mich in dieser Phase ebenso eine wichtige Lektüre wie Judith Butlers *Gender Trouble* (1990). Ich begann, die Wechselwirkung zwischen biologischem Geschlecht einerseits und sozialen Prägungen samt dazugehöriger Konstrukte und Stereotype andererseits besser zu sehen. Zugleich verstärkte sich jetzt mein Verständnis für das Einfordern von Intersektionalität noch mal neu. Denn dass der Sozialisationsprozess einer *weißen* Frau in Deutschland sich von dem einer Nigerianerin unterscheidet, musste eben auch einschließen, rassismuskritisch auf meine eigene Sozialisation und Privilegien zu schauen. Inmitten dieser Entdeckungsreise traf ich dann auf mich bewegende nigerianische Feministinnen wie Obioma Nnaemeka oder Chikwenye Ogunyemi. Letztere war u.a. auch eine Aktivistin gegen Klitoris-Beschneidungen von Frauen in Nigeria. Als sie während einer Lesung im Berliner Literaturhaus darauf angesprochen wurde, ob Beschneidungen nicht barbarisch seien, sagte sie: «Nein, das ist viel komplexer und tief in unserer Lebensweisheit verwurzelt.» Nach der Veranstaltung fragte ich sie, warum sie das gesagt habe, obwohl sie doch selbst gegen Beschneidungen in Nigeria kämpfe. Ihre Antwort saß: «Weil ich mir von euch nicht diktieren lassen will, wie und wogegen ich kämpfe.» Das war mir eine wichtige Lektion: Jeder Blick über den eigenen Tellerrand und Richtung afrikanischer Länder muss immer auch in den Blick nehmen, den Spezifika afrikanischer Gesellschaften gerecht zu werden. Um das besser zu verstehen, wollte ich nunmehr zusätzlich zu meinem regulären Studium Afrikawissenschaften studieren. Das war zuvor nicht möglich gewesen, weil die sozialistische Planwirtschaft nur drei Studierende pro Jahr zuließ und die SED-Diktatur dafür sorgte, dass dies staatstreue Kader waren. Das spiegelte sich jetzt auch in der Lehre, die größtenteils ebenso SED-affin wie rassistisch war. Von afrikanischem Feminismus keine Spur. Weil mich aber das Interesse am afrikanischen Feminismus nicht losließ, ging ich nach London, an die School for Oriental and African Studies.

Wie ich in London meinem Rassismus begegnete

Unmittelbar davor, im Juli 1990, machte ich meine Interrail-Reise, während der ich in Edinburgh bestohlen wurde. Ohne jeden Cent in London angekommen, traf ich einen Schwarzen Wohnungslosen, der immer auch mal bei Bekannten schlafen konnte. Da ich ihn begleiten durfte, gelangte ich in Londoner Wohngegenden, in denen ich fast immer die einzige Weiße war. Diese Londoner Segregationsdemografie kannte ich zwar aus den Romanen Buchi Emechetas, wie *In the Ditch* (1972) oder *Second Class Citizen* (1974). Hier erzählt sie, wie sie zwei Jobs erledigen muss, um sich wenigstens die Miete in einem Grenfell Tower in einer sehr unwirtlichen Gegend leisten zu können und sich und ihre Kinder zu ernähren. Doch als ich erstmals eine Wohnung im Grenfell Tower betrat, war das eine ganz andere Hausnummer. Der Wind pfiff durch alle Fenster und konnte doch nicht den starken Antiinsekten-Chemie-Geruch vertreiben. Noch nie hatte ich so konkret mit eigenen Augen gesehen, wie rassistische Diskriminierung und kapitalistisch erzeugte Armut einander befeuern. Gleichzeitig schlug mir in diesen Vierteln sehr viel Ärger entgegen. Ich wurde als Weiße angefeindet, und das schockierte mich. Denn ich selbst fühlte mich längst nicht als *weiß*. Ich war doch kein Wessi! Und ich solidarisierte mich doch mit den nigerianischen Feministinnen und nicht mit den britischen – und über meinen persönlichen Part in kultureller Aneignung hatte ich trotz der Schwarzen Kritik am *weißen* Feminismus noch immer nicht ausreichend nachgedacht. Mehr noch: Auch über mein Weißsein hatte ich noch nie reflektiert. Ich hatte immer die rassistisch Diskriminierten «bedauert» und mich dabei in Paternalismus geübt, statt über meine eigene Rolle darin nachzudenken. Für mich war ich die Gute. Daher fühlte es sich gut an, wenn mein Reisebegleiter zu jenen, die sich über mich empörten, sagte, dass ich keine richtige Weiße sei, weil ich aus der DDR käme und selbst arm sei. Doch das stimmte nicht. Denn als *weiße* Person hatte ich längst Zugriff auf *weiße* Privilegien und Ressourcen bekommen.

Und weil ich mein Weißsein nie reflektiert hatte, hatte ich auch noch nie darüber nachgedacht, was ich mit Rassismus oder Kolonialismus zu tun habe und wie sie sich auf meine Weltbilder und mein Handeln auswirkten.

Das sollte sich gleich zu Beginn meines Studiums im Herbst 1991 an der Londoner School of Oriental and African Studies (SOAS) auf drastische Weise zeigen. An meinem ersten Tag an der SOAS war ich sehr aufgeregt. Eine Ossi allein in London. Um mich zu registrieren, stand ich fast zwei Stunden an. Als ich endlich dran war, fragte der Admission Officer nach einem Dokument, das ich aber nicht finden konnte. Er war sehr unterstützend und bot an, mit dem Chef der Abteilung abzuklären, ob oder wie ich ohne das Dokument immatrikuliert werden könnte. Er war schon ein paar Meter weg von mir, als ich das Dokument dann doch noch in meinem Ordner entdeckte. Um ihm das mitzuteilen, rief ich ihm nach. Doch wie sollte ich ihn adressieren? Ich kannte ja seinen Namen nicht. Natürlich hätte es ein «Hi, Sir» absolut getan. Mein Englisch aber war grottig. Und da ich zu der Zeit gerade mit der Frage rang, ob ich noch ein «Mädchen» oder schon eine «Frau» sei (was ich partout nicht sein wollte), führte dies dazu, dass ich die Person, die ich als jünger einschätzte, als ich es war, mit «Junge» ansprechen wollte. Das übersetzte ich in «boy»! Ich erinnere mich noch, wie der Raum, der zuvor mit Stimmengewirr gefüllt war, in eisigem Schweigen erstarrte. Alle schauten mich an. Der Mann kam, demonstrativ mit den Füßen stampfend, auf mich zu. Was war passiert? Der Immatrikulationsbeauftragte war ein Schwarzer und «Boy» ein Begriff, mit dem in der Plantagensklaverei die versklavten Männer rassistisch abgewertet wurden. Das wusste ich nicht. Machte es die Situation weniger diskriminierend, mich weniger weiß? Nein! Ich kann mich noch erinnern, wie dankbar ich war, dass der Immatrikulationsbeauftragte plötzlich in seinen stampfenden Schritten innehielt und dann langsam und bestimmt zu mir sagte: «Boy ist ein rassistisches Wort, das erwachsenen Männern die vollwertige Menschlichkeit und Vernunftfähigkeit abspricht.» Ich glaube, er hatte bemerkt, dass ich das tatsächlich nicht wusste.

Dennoch hatte ich ihn diskriminiert, und alle hatten auch ihn deswegen angestarrt. Und dann musste er auch noch die Energie aufbringen, selbst mitten im Rampenlicht stehend, mich darüber aufzuklären.

An diesem Tag begann meine Reise, mich auch meinem eigenen Rassismus zu stellen. Weil ich zu wenig wusste, hatte ich ein rassistisches Wort benutzt. Ob ich das nun wollte oder nicht, war dabei sekundär. Das motivierte mich, unbedingt verstehen zu wollen, wie Rassismus wirkt und was er mit mir macht. Ich wollte, dass es mir nie wieder passiert. Das wiederum konnte ich nur glauben, weil ich noch nicht verstanden hatten, wie tief Rassismus sich in jede weiße Biografie einschreibt.

In der Bibliothek der SOAS standen neben den rassistischen Büchern, die ich schon aus der Ostberliner Staatsbibliothek kannte, auch Regale voller Bücher von Theoretiker*innen der Dekolonisierung: Edward Said, Frantz Fanon, Audre Lorde, Toni Morrison, Obioma Nnaemeka, Ngugi wa Thiong'o. Was ich hier las, stellte alles, was ich vorher wusste, gründlich auf den Kopf. Zu den neu gewonnenen Erkenntnissen zählte etwa: In afrikanischen Gesellschaften gab es staatliche Strukturen; bestehende Bildungssysteme und Sprachen wurden verboten und durch europäische Sprachen und Schulsysteme ersetzt; Menschen wurden ihrer Ressourcen, Arbeitskraft und Leben beraubt. Die dadurch ermöglichte Kapitalakkumulation befeuerte die Industrielle Revolution, die wiederum den kapitalistischen Aufschwung ermöglichte. Der Reichtum des Westens wuchs, während die kolonisierten Länder wirtschaftlich und demografisch ausbluteten. Das geschah so nachhaltig, dass sich beides bis heute auswirkt. Die Armut in Afrika hat nichts mit der Faulheit der dort lebenden Menschen zu tun. «Faulheit» wurde jenen vorgeworfen, die der kolonialistischen Ausbeutung Widerstand entgegensetzten. Es gibt Regierungen afrikanischer Länder, die korrupt sind und zu Recht von den jeweiligen Gesellschaften kritisiert werden. Doch gerade Europa sollte immer auch im Blick behalten, dass Kolonialismus ohne Gewalt und Diktatur nicht zu haben war. Es gab erste Konzentrationslager und Eugenik. Deutschland hat

1904 in Namibia (damals Deutsch-Südwestafrika) einen Genozid an den Herero und Nama begangen.

Wieso wusste ich das alles nicht? Als ich mir dieses Wissen erschloss, erschütterte das mein ganzes bisheriges Ich. Wie konnte ich all das nicht wissen? Wie konnte ich inmitten meiner umfänglichen Lektüren von Marx und Engels nicht hinter die Kulissen vom Primat der Klassenfrage geschaut haben? Wie konnte ich mitten in der antifaschistischen DDR diesen Grundpfeiler des Kapitalismus übersehen? Wie konnte ich meine Diplomarbeit zu feministischer Literatur in Nigeria schreiben, ohne zu merken, dass ich nicht ihre Verbündete war, sondern zur Struktur gehörte, die Schwarze Frauen übersah und diskriminierte? Ich könnte mich jetzt dahinter verstecken, dass ich «Opfer» der *weißen* Kanonbildung war, welche Schwarzen Autor*innen keine angemessenen Regalplätze einräumt. Aber nein. Der Opferstatus würde mich jeder Verantwortung entheben und übersehen, dass es am Ende eben doch nur meine eigene Ignoranz war, gar nicht nach diesen Texten gesucht zu haben, die dazu führte, dass ich sie nicht kannte. Das habe ich also auch selbst zu verantworten. Ich glaube, ein Teil dieser Ignoranz war auch von dem Wunsch geleitet, diese Gräueltaten nicht zu sehen. Denn sie waren schmerzlich. Und von dem Wunsch, mich davon so abzuspalten, als hätte diese Geschichte nichts mit mir zu tun. Und genau deswegen wiederholte ich, trotz meiner kritischen Fragen an mich selbst, den Fehler jetzt schon wieder. Zwar las ich Texte postkolonialer Theoretiker über den Kolonialismus. Kolonialismus aber war, so glaubte ich, so weit weg, dass er mich nicht betraf. So konnte ich es mir einfach machen und erst mal auf die Schandtaten meiner Vorfahren schauen, um mich im Glauben zu lassen, dass ich doch eine bessere (will sagen nicht-rassistische) Weiße war.

Wie ich an der Humboldt-Universität Rassismuskritik begegnete

Mit dieser *weißen* Verleugnungsstrategie im Gepäck begann ich 1994, an der Humboldt-Universität zu Berlin in den Afrikawissenschaften zu lehren. Als diejenige, die nunmehr viele postkoloniale Theoretiker und Schwarze Feministinnen gelesen hatte, empörte ich mich über *weiße* Kolleg*innen, die das noch nicht getan hatten. Nicht einfach nur, weil sie die Lektüre als nicht wichtig erachteten. Sondern weil sie noch immer rassistische Inhalte (wie etwa, dass es Menschen«rassen» gäbe) lehrten und sich darin nicht mal ansatzweise erschüttern ließen. Das machte es mir möglich, mich so bequem in meinen Antirassismus-Sessel zu setzen, dass ich Rassismus in meinen eigenen Seminaren übersah. In vielen Texten, die ich lehrte, wimmelte es nur so von rassistischen Begriffen. Die meisten davon benutzte ich zwar selbst nicht mehr. Doch spätestens in Zitaten fanden sie auch in meinen Seminaren Raum.

So kam es, dass eine *weiße* Studentin, die frisch aus dem Abitur kam, in ihrem Vortrag mehrfach das N-Wort verwendete. Im Zitat, aber auch so. Mir war unbehaglich. Ich wollte einschreiten, wusste aber nicht, wie. Vor allem hatte ich Angst, der *weißen* Studentin weh zu tun. Mir fiel aber gar nicht auf, dass ich dadurch in Kauf nahm, dass anwesende Schwarze Studierende diskriminiert wurden. Deswegen musste eine afrodeutsche Studentin meine Aufgabe übernehmen. Sie unterbrach den Vortrag und bat darum, dass keine rassistischen Wörter mehr verwendet werden. Die *weiße* Studentin begann zu weinen. Sie sei doch keine Rassistin! Ich verstand ihren Schmerz, statt zu verstehen, dass ihre Zurückweisung der Kritik die Situation nur noch verschärfte. Sie hätte sagen können: Das tut mir leid, das wusste ich nicht. Sie hätte sogar nach einer Begründung fragen können. Doch indem sie es einfach nur von sich wies, blieb der Rassismus im Raum, sogar noch mit mehr Wirkmacht. Das alles aber sah ich nicht. Alles, was ich sah, waren die Tränen der *weißen* Studentin. Und nur derer nahm ich mich an. Als Verbündete der *white tears* wandte ich mich an die afrodeutsche Studentin. Ich sagte, dass die *weiße* Studentin die Wörter doch nicht rassistisch meine. Daraus entbrannte eine Auseinandersetzung, in der alle anderen Studentinnen mir recht gaben. Sie alle waren *weiß* wie ich. Die Schwarze Studentin stand ganz allein da. Die Gewalt, die ihr durch mich widerfuhr, zwang sie schließlich aus dem Raum. Selbst das empörte mich noch. Das sei doch eine übertriebene Reaktion! Um mich zu vergewissern, dass ich richtig läge mit meiner Empörung, fragte ich nach dem Seminar meine Freundinnen, also andere *weiße* Leute. Ich hatte nichts zu befürchten. Ich wusste, dass sie mir recht geben würden. Das taten sie auch. Die afrodeutsche Studentin aber forderte eine Aussprache mit mir ein. Davor hatte ich Angst. Dass sie wahrscheinlich viel größere Angst als ich hatte, weil ich ja in der Machtposition war, als Weiße und als Dozierende, verstand ich damals ebenfalls noch nicht. Ich fühlte mich sogar verletzt davon, dass sie zur Aussprache eine andere Person zu ihrem Schutz mitgebracht hatte. In dem Treffen aber fand ich zu einem Teil von mir, der es wagte, den selbstgenähten «Ich bin nicht rassistisch, weil ich nicht rassistisch sein will»-Tarnmantel durchlässiger werden zu lassen. Ich hörte zu. Traf neue Argumente. Und begriff: ich hatte rassistisch agiert. Denn ich hatte Wörter verteidigt, um deren Rassismus ich wusste; und beim Ausüben meiner Fürsorgepflicht als Lehrende konzentrierte ich mich auf nur eine Person – und zwar die, die darauf bestand, rassistische Begriffe zu benutzen, weil sie dies doch nicht rassistisch meine. Dies zu erkennen, war mir unangenehm. Ich schämte mich, und das war sehr schmerzhaft für mich. Allein das aber zeigt ja, dass ich noch immer nichts begriffen hatte. Denn den eigentlichen Schmerz hatte ich ja nicht erfahren, sondern erzeugt. Mir war sehr daran gelegen, dass die afrodeutsche Studentin meine Entschuldigung akzeptierte. Doch auch dies zeigte, dass ich nichts begriffen hatte, sondern schon wieder übergriffig war. Auch das wurde mir erst allmählich klar. Ich habe der afrodeutschen Person durch mein Verhalten aufgezwungen, mich auszubilden. Und nur das schickte mich auf den Weg.

In meinen Seminaren galt fortan, dass rassistische Wörter nicht ausgesprochen werden dürfen. Auch nicht in Zitaten, weil sie auch dort die Gewalt, die sie in sich tragen, reproduzieren. Um das einzufordern, musste ich aber argumentieren können, warum dieses Wort rassistisch sei. Deswegen setzte ich mich mit den Herkünften und Wortgeschichten auseinander. Um diese aber verstehen zu können, das wurde mir nun klar, musste ich mich in die Geschichte des Kolonialismus und Rassismus einlesen und verstehen, wie Letzterer funktioniert. Dabei halfen mir die berühmten W-Fragen.

Wann wurden denn «Rassen» erfunden? Das begann im 15. Jahrhundert. *Warum dann?* 1492 ist das Jahr, in dem Königin Isabella von Kastilien den Kampf um die Vorherrschaft auf der Iberischen Halbinsel für die katholische Kirche entschied, was dazu führte, dass jüdische und muslimische Menschen zwangsbesteuert, enteignet oder vertrieben wurden. Teile dieser Gelder investierte die spanische Krone in Kolumbus' Reisen ab 1492, welche die entscheidende Zäsur für die europäische Eroberung und koloniale Besetzung der Welt sind. Um diese Gewaltprozesse zu legitimieren (also sich damit noch wohlfühlen zu können), wurde Indigenen Menschen und Afrikaner*innen das (vollwertige) Menschsein abgesprochen. Zugespitzt: Wer «Affe» und «Kannibale» sei, sei keines Menschenrechts oder Mitgefühls würdig. Wer nicht Mensch ist, hat auch keinen Anspruch auf Humanismus. Um das umzusetzen, jetzt beginnt das *Wie?*, wurden sie als «Natur» statt «Kultur», als tiernah und vernunftsfern imaginiert und dem *weißen* Christentum als das «unterlegene Andere» gegenübergestellt. Gebündelt wurde dies durch die Erfindung biologischer Menschen«rassen». Diese wurden zunächst durch Erfindungen von «Hautfarben» und später, tiefer in den Körper eindringend, durch andere biologistische Kartierungen des Körpers visualisiert. Das lief auf die ebenso simple wie fatale Kernaussage hinaus, dass die «weiße christliche Rasse» allen anderen überlegen sei. Zum *Wie?* gehört das *Wer?* Wer tat das? Päpstliche Bullen, royale Dekrete und später dann zwischenstaatliche Verträge gaben ebenso wie damit einhergehende Handelsabkommen einen pseudo-rechtlichen Rahmen dafür, dass sich Europa nahm, was es wollte, und dabei nur auf Interessen anderer europäischer Kolonialmächte Rücksicht nahm. Doch damit sich Weiße dabei im Recht fühlen konnten, wurden Erzählungen komponiert. Der abolitionistische Dichter William Blake betont, dass das koloniale Projekt ohne die Macht von Wissenschaft und Literatur nicht realisierbar gewesen wäre. Indem Theologie und später Pseudowissenschaften wie die Phrenologie oder Eugenik «Rassen» erfanden, die Afrikaner*innen Tieren gleichsetzte, und weil Autoren wie Daniel Defoe etwa in *Robinson Crusoe* (1719) dies in suggestive Erzählungen übersetzten, quälte es Europa nicht, Schwarze zu quälen. Die Summe der W-Fragen also zeigt: Rassismus ist *weiße* Vorherrschaft. Denn Weiße erfanden ‹Rassen›, um *weiße* Überlegenheit zu postulieren und so *weiße* Herrschaft und Gewalt sowie das Innehaben *weißer* Macht und Privilegien zu legitimieren.

Als mir das bewusst wurde, verstand ich, dass ich von Rassismus betroffen bin. Betroffen war ich schon zuvor im Sinne von: Rassismus bekümmert mich, er macht mich traurig. Doch nun erkannte ich auch, dass ich «betroffen» im Sinne von individueller Involviertheit war. Viele denken, dass von Diskriminierung nur betroffen ist, wer diskriminiert wird. Auf diese Weise wird dann Diskriminierung auf ein Problem jener reduziert, welche diese Diskriminierung erfahren. Doch seit wann geht Diskriminierung nur jene etwas an, die darunter zu leiden haben, und nicht auch jene, die sie ausüben? Während ich unter der Belastung sexistischer Erfahrungen leben muss und als Ostdeutsche diskriminiert werde, agiere ich aus *weißen* Herrschaftsverhältnissen heraus. Deswegen verstehe und spreche ich die Sprache des Rassismus, schaue ich durch seine Brille. Doch nicht nur habe ich Rassismus unbewusst internalisiert. Er stattet mich mit Macht und Privilegien aus – ob ich das nun will oder nicht. Ich profitiere von ihm.

Weil es mir schwerfiel, die damit verbundene Beschämung auszuhalten, entwickelte ich für mich die Strategie, Rassismus dadurch besser zu verstehen, dass ich die Dynamiken zwischen Macht/Norm versus Diskriminierung in die Welt meiner eigenen Erfahrungen als sexistisch diskriminierte Person übersetzte – und dann umgekehrt meine Wahrnehmung von Männern zurück aufs Weißsein übertrug. Das half. Ich begann, Rassismus zu sehen. Meinen Rassismus zu sehen. Wie bei einer Dominokettenreaktion ergab nun jede Erkenntnis über Rassismus eine neue. Das war ein harter Prozess, der mit Scham verbunden war und immer wieder dem entsprechenden Schuldgefühl ein «Ja, aber» entgegenzusetzen suchte. Dennoch drangen diese schmerzlichen Fragen und notwendigen Reflexionsprozesse immer stärker zu mir durch.

Eine meiner ersten «Entdeckungen» war es, mich zu fragen, warum ich eigentlich denke, dass Christopher Kolumbus «Amerika entdeckt» hätte? Ich erinnerte mich an das Kinderlied «Ein Mann, der sich Kolumbus nannt» und schämte mich, den gewaltvollen Text immer geträllert zu haben: Der König sprach zu Kolumbus: «Eins fehlt noch unsrer Gloria. Entdecke mir Amerika!» Mal abgesehen davon, dass es eine Königin war und es den Namen «Amerika» vor 1492 gar nicht gab (er wurde erst 1507 geprägt, abgeleitet von Amerigo Vespucci) – wie kann man etwas «entdecken», das Menschen bereits bekannt ist? Das kann man nur, indem man dort lebenden Menschen das Menschsein abspricht, indem man sie als Teil der dort «entdeckten» Natur setzt. Das wiederum war Europas Weg, um ihnen ihren Rechtsanspruch auf ihr eigenes Land abzusprechen. Die gleiche aneignende Logik spricht aus «Neue Welt». Neu? Für wen? Nur für Europa (obwohl Wikinger Nordamerika längst kannten). Das Kinderlied quetscht diese komplexe koloniale Logik in wenige Zeilen, die chorusartig das rassistische Wort «Wilde» rezitiert, das genau diese Natursetzung der Indigenen Menschen in Szene setzt: Kolumbus sagte: «‹Guten Tag› … ‹Ist hier vielleicht Amerika?› Da schrien alle Wilden: ‹Ja› … Die W. waren sehr erschreckt… Und schrien all: ‹Wir sind entdeckt.» Diese vermeintliche Zustimmung der Indigenen Menschen ist eine gewaltsame Verleugnung kolonialer Gewalt. Das wird noch dadurch potenziert, dass diese auch noch als Sieg gefeiert wird – und zwar im sich ständig wiederholenden Refrain: «Gloria, Viktoria wide-wide-witt, juch-hei-ras-s. Gloria, Viktoria wide-wide-witt, bum, bum.» Menschen beider Amerikas bis heute etwa «Indianer» zu nennen, also den europäischen Irrtum vor sich herzutragen, scheint harmlos. Das ist es aber meines Erachtens nicht. Das Wort ist mit der obigen rassistischen Erzählung verknüpft, und für mein Empfinden verklärt und verharmlost sein heutiger Gebrauch eben diese.

Durch solche Reflexionen wurde mir die Wechselwirkung von konkreten kolonialistisch geprägten Wörtern und Rassismus bewusst. Wörter sind wichtige ideologische Pfeiler des Kolonialismus und Rassismus, und daher sehe ich sie auch als wichtige Schauplätze der kritischen Auseinandersetzung mit Kolonialismus und Rassismus. Zwar würde es nicht ausreichen, rassistische Wörter zu überwinden, aber ohne eine solche Auseinandersetzung scheint mir Rassismus auch nicht besiegbar zu sein. Mehr noch: Wir sind das, was unsere Handlungen bewirken. Und jedes Handeln ist immer auch davon geprägt, wie wir miteinander und übereinander sprechen. Deswegen entscheidet sich immer auch bei den Wörtern, mit denen wir einander begegnen, wer wir sein können und werden. Deswegen begann ich, mich kritisch mit rassistischen Wörtern zu beschäftigen.

Da es keine Nachschlagewerke gab, auf die ich hätte zurückgreifen oder verweisen können, musste ein solches erarbeitet werden. Daher begründete ich ein Seminar zu diesem Thema, aus der eine Arbeitsgruppe erwuchs. Dort identifizierten wir rassistische Wörter. Und jede Erkenntnis über ein rassistisches Wort gab uns Fäden in die Hand, welche ein anderes Wort als rassistisch erkennbar werden ließ. Das war weder beliebig noch ein Fass ohne Boden. Entsprechend versuchten wir zu ergründen, Muster zu finden, die ein Wort zu einem rassistischen machen.

Wir erkannten bald, dass die meisten Wörter Wortneuschöpfungen sind oder es sich um Entlehnungen handelt – entweder aus dem Tier- und Pflanzenreich (wie etwa «Mulatte») oder aus der europäischen Frühgeschichte (wie etwa «Stamm»). Warum Neologismen oder Wortentlehnungen? Kolonialismus und Rassismus behaupteten, dass BIJPoC keine vollwertigen Menschen seien. So gesehen, konnte ihnen nicht zugebilligt werden, eigene politische, gesellschaftliche oder kulturelle Strukturen zu haben. So wurden Sprachen zu «Dialekten» degradiert und damit zu Leerstellen, welche

Europa füllen konnte und vermeintlich auch «musste». Deswegen wurden lokale Begriffe einschließlich geografischer Termini oder gesellschaftlicher Selbstbezeichnungen ignoriert und durch neue ersetzt. Dabei konnten aber eigene Begriffe nicht auf kolonisierte Gesellschaften übertragen werden. Denn das hätte ja auch wieder bedeutet, dass die Gesellschaften gleichwertig seien. So kam es etwa dazu, dass alle Regierenden als «Häuptlinge» bezeichnet wurden – im Sinne von «Möchtegern-Haupt», denn das Suffix ‹-ling› ist immer abwertend (‹Emporkömmling›) oder verkleinernd gemeint: Ein Schmetterling etwa möchte schmettern, tut es aber nicht.

Die neuen Wortbildungen folgten zum einen dem Kultur-versus-Natur-Paradigma: Je mehr Natur, desto mehr der Kultur unterlegen, wobei die Kultur umgekehrt vermeintlich verpflichtet sei, die Natur zu «zähmen». So wurden etwa sämtliche Gesellschaften in Afrika, Amerika und weiten Teilen Asiens ohne Ansehen der konkreten politischen Form in Wörter wie «Stamm», «Naturvolk» oder «Wilde» gequetscht. Kolonisierte als «Natur» zu sehen, schloss ein, sie Tieren nah zu setzen. Dafür steht etwa «Mulatte», das sich vom portugiesischen Wort für Maulesel als nicht-fortpflanzungsfähige Kreuzung von Esel und Pferd ableitet. Genau in diesem Sinne soll es Menschen mit einem Schwarzen und einem *weißen* Elternteil als «wider die Natur» diffamieren. Wie hier sichtbar, stützten sich viele der rassistischen Wörter zweitens auf Hautfarbenkonstruktionen.

Schon in der griechischen Antike wurden Klimatheorien benutzt, um kulturelle und religiöse Unterschiede von Menschen auf Körper zu projizieren – um sie sehbar zu machen. Schwarz wurde dabei als ‹Hautfarbe› für ‹Aithiopia› (für Afrika minus Ägypten) gesetzt und damit verbunden, dass extreme Sonneneinwirkung Haut, Haare und Hirne austrockne. Genau das steckt im altgriechischen Wort für schwarz, ‹mauros› bzw. ‹mavro›, das sich bis heute im Wort ‹Mohr› fortschreibt. Ab 1492 wurde dies durch die christliche Farbsymbolik verstärkt und neu austariert. Denn nunmehr steht dem metaphorischen «Schwarz» als verdorben und monströs, wie es sich etwa ins «N-Wort» für versklavte Menschen einschrieb, die heile, göttliche Tugend des «Weiß» gegenüber, das sich das christliche Europa vermittels einer sehr abstrakten Farbgebung selbst auf den Leib schrieb. Im Kern bejahten alle diese Wörter, dass es ‹Menschenrassen› gäbe. Alle, die aus der einzig überlegenen ‹weißen Rasse› ausgegliedert wurden, werden durch sie verallgemeinernd und verabsolutierend abgewertet. Weil es zwar keine biologischen Menschen«rassen» gibt, wohl aber Rassismus, müssen diese sozialen Positionen auch benannt werden. Doch wie kann das funktionieren? Begriffe zu verwenden, die selbst eine rassistische Tradition haben, sind dafür nicht geeignet. Aus jahrzehntelangen Bürger*innenrechtsbewegungen heraus aber haben sich Begriffe etabliert, die rassistische Wörter widerständig wenden. Da dieser Widerstandskampf maßgeblich in den USA wurzelt und von dort geprägt wird, sind viele der Widerstandsbegriffe Anglizismen. Das trifft etwa auf People of Color zu. Es setzt dem rassistischen Wort «Colored» «People», also Menschen, voran und widerspricht damit der rassistischen Agenda, durch das C-Wort die Menschlichkeit der so bezeichneten Menschen in Frage zu stellen oder abzuschwächen. Heute wird oft von BPoC gesprochen, wobei B für Black im Sinne von afrikanischer Diaspora/Afrika steht. Gebräuchlich ist auch BIJPoC, I für Indigenous People/Indigene Menschen und J für Jews/Juden*Jüdinnen. Auch Weiße/Weißsein ist eine soziale Position. Allerdings die der diskriminierenden Machtposition. Um das zu markieren, schreibe ich *weiß* als Adjektiv kursiv. Diese Grunderkenntnisse rahmten das erste Glossar zu rassistischen Begriffen, das 2004 als *Afrika und die deutsche Sprache* erschien. Es listete Gründe für den rassistischen Gehalt eines Wortes und widerständige Begriffe auf, die stattdessen benutzt werden können.

Meiner neuen Expertise gemäß meldete ich mich bei wissenschaftlichen Vorträgen, die rassistische Begriffe in ihrem eigenen Sprechen über afrikanische Gesellschaften und Menschen benutzten, um das zu kritisieren. Es ging hier nicht mal um die Frage, ob rassistische Worte in Zitaten stehen bleiben sollen. Es ging um die eigene Wortwahl. Die meisten nervte das, und sie zeigten das auch. Am harmlosesten waren noch die augenrollenden «Die schon wieder»-Momente. Nicht selten wurde ich aufgefordert zu schweigen. Die Situation spitzte sich so zu, dass meine damalige Chefin es mir untersagte, Lehrveranstaltungen zu Rassismus anzubieten. Sie finde es nicht gut, dass «meine Studierenden» mit «meinen Thesen» «ihre Kurse» «störten». Andere sagten: «Lass uns doch lieber über Inhalte als über Worte sprechen.» Aber das waren doch Inhalte! Rassistische Wörter stehen stellvertretend für Rassismus, und folglich sind sie auch sehr geeignet, ihm nicht nur zu widersprechen, sondern auch seiner Wirkweise auf die Spur zu kommen.

Was nun ist Rassismus?

Als ich Fred d'Aguiars Roman *The Longest Memory* (1994) las, brach mein Herz in Tränen aus. Der Roman erzählt von einer karibischen Baumwollplantage, die dem Plantagen«besitzer» Mr. Whitechapel ebenso gehört wie die Arbeitskraft vieler versklavter Menschen. Mr. Whitechapels langjährigster Sklave Whitechapel spricht gleich zu Beginn des Romans, ohne zu sprechen. Ohne sprechen zu können. Er möchte sich nicht erinnern, und doch führt die Erzählstimme direkt in das still schreiende Trauma, das aus jeder Pore seines Körpers heraus ihn unerbittlich an das erinnert, was geschah: Als versklavter Mensch hatte er daran geglaubt, nur zwischen Gehorsam und Tod wählen zu können. Sein adoptierter Sohn Chapel (ohne «weiß» im Namen, aber das Kind des Aufsehers, der eine Schwarze Frau vergewaltigte) widersetzt sich dieser Unterdrückungslogik. Er liest Abolitionist*innen wie William Blake und flieht. Aus Angst, dass sein Sohn gefangen und zu Tode gefoltert werden würde, wendet Whitechapel seinen eigenen Überlebensmodus an. Er verrät seinen Sohn im Glauben, ihn dadurch retten zu können. Doch im Rassismus gibt es kein Pardon für falsch verstandene Vaterliebe. Chapel wird gefasst (während er es ohne den Verrat des Vaters in den freien Norden geschafft hätte) und von dem *weißen* Sohn des Aufsehers, also seinem Halbbruder, zu Tode gefoltert. Millionen von Menschen haben dieses Gewaltregime erlebt. Sojourner

Truth spricht in ihrer bewegenden Rede «Ain't I a Woman» (1851) über die Gewalt, die ihr widerfuhr, einschließlich der Tatsache, dass ihr fast alle ihrer zwölf Kinder weggenommen wurden, weil sie weiterverkauft wurden. Das geschah millionenfach. Und das Leid auf den Plantagen war nur die eine Seite des Black Atlantic.

Auf der anderen Seite wurden mindestens 18 Millionen Afrikaner*innen entführt und deportiert. Gestapelt wie Ware, entkleidet und entblößt, wurden sie über den Atlantik transportiert. Wer nicht gesund blieb oder rebellierte, wurde über Bord geworfen. Das war kein ökonomisches Minus, denn die «Ware» war so gut versichert, dass es sich manchmal sogar rechnete, alle Menschen über Bord zu werfen. Wer dieses Grauen, das völlig missverständlich und gewaltverharmlosend «Middle Passage» genannt wird, überlebte, wurde dann zum doppelten Preis verkauft – in ein Leben ohne jede Freiheit. Immer wieder. Nahezu über drei lange Jahrhunderte hinweg. Doch warum hat es die Mr. Whitechapels nicht geschmerzt oder wenigstens empört?

Abolitionismus begann, als die erste afrikanische Person versklavt wurde. Denn sie wehrte sich. Und sie litt. Doch die europäische Versklavung von Afrikaner*innen wurde nicht primär aus humanitären Gründen beendet. Natürlich wurden moralische Bedenken durchaus stärker, breiter und lauter. Vor allem aber waren dem industrialisierten Norden der USA sowie der jungen Industrienation England die Plantagen als zu überwindende Ökonomie ein Ärgernis. Für die industrialisierten Nationen rechnete es sich aber, die Erde zu besiedeln, um sich deren Ressourcen anzueignen. Und somit war das Verbot der Sklaverei weder das Ende des Kolonialismus noch des Rassismus. Stattdessen breitete sich Europa unter dem Banner des Imperialismus über fast 30 Millionen Quadratkilometer aus und eignete sich alle auf ihr lebenden Menschen an. Die Berliner Konferenz (1884/85) etwa teilte Afrika wie einen Kuchen auf und tränkte die Erde erneut mit dem Blut von Zwangsarbeit und Genoziden.

Neue «Rassentheorien» ergänzten «Hautfarbe» um weitere vermeintliche «Rassenerkennungsmerkmale» wie Skelette oder Schädel, verbunden mit der Behauptung, je größer das Hirn, desto intelligenter und entwickelter sei der Mensch. Das wurde dann «wissenschaftlicher Rassismus» genannt und schloss ein, dass die Aufklärung frühere theologische Auslegungen säkularisierte. Das der christlichen Farbsymbolik verpflichtete Schwarz versus Weiß wurde in Licht (wie in Aufklärung, Enlightenment, les lumières) versus Dunkelheit (vernunftsfern) übertragen. Und der Kolonisierungsgrundsatz, dass kolonisierte Völker missioniert werden müssten, wurde in die «Bürde des weißen Mannes», so Rudyard Kiplings gleichnamiges Gedicht von 1899, übersetzt, kolonisierte Völker «zivilisieren» zu müssen. Da diese als «vernunftferne Natur» jedoch niemals voll zivilisierbar seien, sei dies zwar vergebliche Liebesmüh, aber doch ebenso unvermeidbar wie ohne Gewalt nicht zu haben. Die ideologische Wendung zur christlich geprägten Zivilisationslüge griffen auch Antisemitismus und Antiziganismus gegen in Europa lebende Juden*Jüdinnen oder Rom*nja auf. Der Islam war bereits komplett als «uneuropäisch» ausgelagert worden, obgleich das Osmanische Reich sich auch über europäische Gebiete erstreckt hatte.

Ab dem ausgehenden 19. Jahrhundert radikalisierte sich der Rassismus weiter und ging in einem sozialdarwinistisch geprägten Degenerationsrassismus auf: Durch ihre Missions- und Zivilisierungsarbeit seien Weiße so stark in Kontakt mit den anderen «Rassen» geraten, dass viele von ihnen bereits kontaminiert seien. Deswegen sollten sich «höhere Rassen» der niederen erwehren. Dabei drangen entsprechende biologistische Behauptungen entlang der neu entdeckten Genetik noch tiefer in den Körper hinein. «Rassen» wurden nunmehr auch an Blut und Genen festgemacht.

Im Nationalsozialismus wurden diese neu angelegten «Rassen»-theorien in Nürnberg zu stählernen Gesetzen, und die Eugenik eskalierte zur «Euthanasie». Dies war der Rahmen für die nationalsozialistische Vernichtungsindustrie, die mehr als sechs Millionen europäische Juden und Jüdinnen sowie Hunderttausende Sinti*zze oder Rom*nja in ein singuläres Grauen völkischer Eliminierung sandte. Hinzu kamen vom anti-slawischen Rassismus geprägte genozidale Gewaltexzesse der SS und Wehrmacht in Osteuropa. Der Nationalsozialismus wurde durch die Alliierten zerschlagen. Doch Frankreich und Großbritannien blieben ebenso wie die Sowjetunion imperiale Kolonialmächte, die Widerstand gewaltsam unterdrückten und sich ideologisch weiterhin hinter Rassismus verschanzten. Entsprechend überlebte der Rassismus das Grauen von Auschwitz: in der südafrikanischen Apartheid, der US-amerikanischen Jim-Crow-Ära. Und Deutschland?

Die NSDAP wurde verboten und 1952 auch ihre Nachfolgepartei, die Sozialistische Reichspartei (SRP). Doch schon ab 1964 kam es wieder zur Gründung einer rechtsextremen Partei, der Nationaldemokratischen Partei Deutschlands (NPD). Später kamen andere Parteien wie die Die Rechte oder Der III. Weg hinzu. Doch während bis 1945 Diskriminierung in Deutschland nicht einfach nur legal, sondern sogar in vielen verschiedenen Bereichen gesetzlich vorgeschrieben war, verfügten das bundesdeutsche Grundgesetz und die Verfassung der DDR ab 1949, dass Menschen nicht aufgrund von «Rasse» diskriminiert werden dürfen. Zu diesem Zeitpunkt war «Rasse» aber noch biologistisch gemeint. Denn noch 1950 und 1951 erklärte die UNESCO, dass es so was wie «biologische Rassen» gäbe. Der nationalsozialistische Antisemitismus war keinem Vakuum entsprungen und auch nicht im Nichts verschwunden. Er hatte sich aus der Tiefe der Geschichte und im Dialog mit anderen Rassismen entfaltet. Doch dieser Zusammenhang blieb auch in der bundesdeutschen «Vergangenheitsbewältigung» unterbeleuchtet. Und entsprechend lebte Rassismus in den Gesellschaften der Bundesrepublik und der DDR fort.

Erst ab den 1990er Jahren setzte sich zunehmend die Erkenntnis durch, dass keiner der bisherigen Versuche, «Rassen» nachzuweisen, wissenschaftlich haltbar ist. Doch was ist mit «Hautfarben»? Während «Rassen» zunehmend in den Hintergrund traten, blieb die «Hautfarbe» als rassistisches Sortierungs- und Ordnungsinstrument erhalten. «Hautfarben» seien eben doch zu sehen. Das stimmt zwar, doch nur deswegen, weil Rassismus uns eben dies lehrte und lehrt. Das aber macht «Hautfarbe» ebenso zu einem rassistischen Wort wie «hautfarben». Als ich schwanger war, musste ich Stützstrümpfe kaufen. Die *weiße* Verkäuferin im Gesundheitszentrum sagte mir: «Da haben Sie Glück, dass Sie *weiß* sind, denn unsere ‹hautfarbenen› Stützstrümpfe bezahlt die Krankenkasse. Die Nicht-Weißen müssen für ihre Farbe bezahlen.» Ich war entsetzt und sah die tieferliegende Symbolik: Da «hautfarben» im Deutschen ein helles Beige meint, setzt es Weiße als Norm und diskriminiert BIPoC.

Doch wieso, das ist meine Hauptfrage seit Anfang der 1990er Jahren, tun sich viele immer noch so schwer damit, über Rassismus zu sprechen? Rassismus ist für viele immer noch das R-Wort. Manche wollen nicht darüber reden, weil es angeblich keinen Rassismus gäbe. Andere finden, dass nicht weiter darüber geredet werden sollte, weil das Reden darüber schon jetzt sehr viel Raum einnehme.

In diesem Klima gibt es eine Tendenz, Rassismus auf seine schlimmsten Zacken zu reduzieren, also den Nationalsozialismus, die Jim Crow-Ära samt Ku-Klux-Klan oder Apartheid – und alle, die solche Segregationen heute proaktiv bejahen. Da diese Regime rassistische Bewertungen von Weißsein eskalierten, fühlen sich viele *weiße* Deutsche unwohl damit, sich als weiß zu bezeichnen. Das aber ist insofern problematisch, als jedes «Also, ich sehe keine Hautfarben. Wir sind alle gleich» das *weiße* Sehen von Schwarzsein und den entsprechenden Rassismus verleugnet. Auch insgesamt bietet das Reduzieren von Rassismus auf seine extremsten Formen die Möglichkeit, diesen dort gründlich zu verurteilen und den Rest zu verleugnen, um sich sodann gemütlich im Sessel zurücklehnen zu können. Das aber versäumt es, eine kritische Debatte über Weißsein zu führen, und stärkt genau dadurch Weißsein als «unsichtbar herrschende Normalität» (Ursula Wachendorfer), ohne an deren Suggestionskraft für Rassismus zu rütteln.

Durch meine Auseinandersetzung mit diesen Fragen erkannte ich nun, dass jede Auseinandersetzung mit Rassismus Weißsein reflektieren muss. Das ließ mich bei der Kritischen Weißseinsforschung ankommen. So wie die Frauenforschung irgendwann den Schritt zu den Gender Studies ging und in diesem Rahmen auch Männlichkeit als Machtzentrum und Akteur einbezog, betont die

Kritische Weißseinsforschung, dass Rassismus nicht einfach Diskriminierung ist, welche BIJPoC widerfährt, sondern dass Rassismus gemacht wird. Von Weißen. Weiße waren es, welche «Rassen» erfanden, um Kolonialismus durch Rassismus zu legitimieren. Weiße sind es, die in rassistischen Denksystemen als Norm gesetzt werden und dadurch Privilegien genießen, etwa einen privilegierten Zugriff auf Ressourcen, Zugehörigkeit oder Repräsentation.

Wenn ich verstehen will, wie ich Rassismus den Garaus machen kann, dann muss ich verstehen, wie er sich so breitmachen konnte. Das wendete meinen Blick. Nicht mehr über Afrika forschen wollte ich und nicht mehr nur über rassistische Begriffe, sondern über *weiße* Blicke auf Afrika und Schwarze. Deswegen wandte ich mich von den Afrikawissenschaften, die nach dem 19. Jahrhundert klangen, ab und der Aufgabe zu, die Geschichte von Weißsein in der britischen Literatur nachzuvollziehen.

Literatur ist ein sehr geeignetes Medium, um gesellschaftliche Dynamiken und Wissensdiskurse historisch nachzuvollziehen. Denn fiktionale Texte spiegeln nicht einfach profan die Realität. Sie gestalten diese. Das Weltwissen der Autor*innen schreibt sich in sie ein, auch ganz unabhängig davon, ob diese das möchten. Charles Dickens war weder Feminist, noch wollte er über Geschlechterrollen schreiben. Doch wie er seine Charaktere anzieht, nennt oder handeln lässt, geschieht aus seiner patriarchalischen Weltsicht heraus. Umgekehrt sind es Erzählungen, die den Blick auf Ungerechtigkeit schärfen oder Transformationen austesten. Einer der wichtigsten Romane für mich ist Zadie Smiths *White Teeth* (2000). Der Debütroman erzählt jüdische, Schwarze und *weiße* Geschichten im London der 1990er Jahre. Die Protagonistin Irie Jones sucht nach Empowerment und findet sie in Shakespeares Sonetten. Denn anders als in der Forschung bisher behauptet, besingen sie die Schönheit einer Schwarzen Frau. So auf eine neue Spur gebracht, holte ich Shakespeares Dramen wie *Othello* (1604) oder *The Tempest* (1611) wieder heraus und war wie gebannt von dem, was ich da sah: Kein anderer als Shakespeare stellte Rassismus und Kolonialismus auf die Bühne, um beides zu kritisieren. Das war wie eine Revolution für mich. Denn es strafte den Satz Lügen: «Das war damals eben so.» Und es zeigte mir: «Wer wissen will, der wird wissen.» Aus dieser Perspektive schrieb ich dann ein Buch zur Geschichte von Weißsein in der britischen Literatur. Und während ich das tat, schärften meine Forschungsbefunde meinen Blick auf politische Debatten, in denen Weißsein der «big elephant in the room» war.

Wissenschaft als politische Akteurin

Was eine Person weiß, verrät viel über deren Leben. Wissen wird vermittelt und erworben, gesucht und gefunden, ignoriert oder festgehalten, für wichtig empfunden oder als irrelevant abgetan. Wissen wird aber auch übersehen oder vergessen oder auch einfach nur: nicht gewusst. Was wir wissen und was nicht, hat sehr viel mit den Kontexten zu tun, in denen wir uns bewegen – und bewegen können. Ich meine damit nicht nur physische Zugänge wie Schulen oder Bibliotheken. Wissen ist auch durch kognitive, mentale, psychische Zustände geprägt. Und vor allem ist jedes Wissen durch kollektive Aushandlungs- und Kommunikationsprozesse geprägt, die individuelle Ausdrucksformen annehmen können und müssen. Das funktioniert niemals losgelöst von gesellschaftlichen Machtstrukturen und deren Vorstellungen von Norm und Relevanz.

All diese Dynamiken prägen, wie Wissen komplexe Vorgänge oder Stoffe zu erkennen und zu benennen vermag. Dabei verlassen sich Menschen aufeinander. Aber sie streiten auch miteinander. Zu wissen, heißt, Befunde ebenso zu teilen wie Bedenken. Kriterien werden angelegt, die Entscheidungen darüber treffen, was fokussiert wird und was ausgeblendet werden muss, um verständlich zu sein oder sich verstehen zu können. Diese Kriterien sind ebenso verlässlich, wie sie dynamisch veränderbar sein müssen. Denn neues Wissen verhält sich immer zu vorherigem. Dabei gibt es einen Kanon. Dieser kann aufgegriffen, angewendet und weitergegeben werden, wobei immer auch neue Elemente dazukommen. Diese neuen Elemente können den Kanon bestätigen oder vertiefen oder aber ihm widersprechen. Durch diese Prozesse bleibt ein Kanon dynamisch, und er kann sich sogar völlig neu erfinden.

Nichts davon ist in Stein gemeißelt. Irrtümer sind möglich. Deswegen muss alles hinterfragt werden können. Und genau darin sehe ich die Aufgabe von Wissenschaft.

Eine ihrer wichtigsten Aufgaben, ist es, kritisch hinzuschauen, um zu verstehen – auf der Suche nach Erkenntnissen, die sich ändern dürfen. Doch jede neue Erkenntnis ist auch eine Intervention. Ein Kanon wäre nicht Kanon, wenn er nicht erst einmal die Intervention abwenden wollen würde. Nehmen wir mal Galileo. Er bestand darauf, dass sich die Erde um die Sonne drehe. Das stellte den Kanon der katholischen Kirche in Frage. Und diese hielt an ihm fest, um ihre eigene Macht und deren alte Welt zu verteidigen. Das war eine politische Entscheidung, und das machte Galileos Wissenschaft ebenfalls zu einer politischen.

Ähnlich verhält es sich mit dem Rassismus. Er wurde im Einklang mit der europäischen Kolonisierung in die Welt getragen, wobei Politik, Militär, Wissenschaft, Wirtschaft und Kunst an einem Strang zogen. Dies hat sich so nachhaltig in Wissensarchive eingeschrieben, dass diese Ära massive Auswirkungen hat. Bis heute wirkt sie strukturell als Alltagsrassismus fort. Diese These basiert auf einer 30-jährigen Forschung. Dennoch sorgt sie für Aufregung. Weil Rassismus ein politisches Thema ist, werden wissenschaftliche Befunde der Rassismusforschung als zu politisch, will sagen: unwissenschaftlich entwertet – und zwar in der Regel, ohne Gegenargumente aufzufahren. Sie politisch zu nennen, reicht aus, um die ausbleibende Beschäftigung damit zu rechtfertigen.

Ich möchte gar nicht von der Hand weisen, dass ich eine politische Agenda habe, wenn ich Rassismuskritik formuliere. Mein Plädoyer ist eher, dass Wissenschaftler*innen politisch sein können und manchmal sogar müssen. Nicht im parteipolitischen Sinne. Im Sinne kritischer Interventionen. Dabei möchte ich sogar noch einen Schritt weiter gehen und sagen: Auch wer nicht interveniert, agiert politisch. Denn das Fehlen einer Intervention hält am Bestehenden fest, und auch das kann sich politisch auswirken. Das aber kann nicht losgelöst von Universitäten als Ort, an dem sich Wissenschaft und Lehre begegnen, geschehen. Artikel 5, Abs. 3 des Grundgesetzes sagt: «Kunst und Wissenschaft, Forschung und Lehre sind frei. Die Freiheit der Lehre entbindet nicht von der Treue zur Verfassung.» Treue zur Verfassung aber bedeutet gemäß Artikel 3, Diskriminierung keinerlei Raum zu geben. Nimmt Lehre diese Aufgabe ernst, so muss sie diskriminierungssensibel sein und entsprechende Kompetenzen vermitteln. Das hat den Mehrwert, dass künftige Multiplikator*innen wie Lehrer*innen mit aktuellen Debatten der Diskriminierungsforschung im Gepäck die Universität verlassen. Das aber ist alles andere als Konsens an Universitäten. Ganz im Gegenteil begegne ich immer wieder dem Vorwurf, dass ich zu politisch sei, um an eine Universität zu gehören. Deswegen fühlt es sich für mich noch immer wie ein Wunder an, dass ich 2010 eine Professur bekam. Als Ossi hatte ich es geschafft. Finanziell war ich jetzt nicht nur abgesichert, sondern privilegiert. Das erleichterte meine Arbeit als Rassismusforscherin immens. Dennoch blieb ich thematisch unerwünscht. Bei meiner Berufungsverhandlung zur Universitätsprofessorin an der Universität Bayreuth im Jahr 2010 legte der mittlerweile pensionierte Dekan Veto dagegen ein, dass die Hochschulleitung mir die Stelle einer wissenschaftlichen Mitarbeiterin geben wollte. Auf Nachfrage des damaligen Präsidenten, warum ein Dekan denn nicht wolle, dass seine Fakultät eine neue, zusätzliche Stelle bekomme, antwortete er einfach: «Ich will das nicht.» Der Präsident gab sich damit zufrieden. Im Nachgang auf dem Flur sagte «mein Dekan» dann frank und frei zu mir: «Ich will nicht, dass sich Ihre Themen (also Feminismus, Rassismuskritik) hier ausbreiten. Deswegen bin ich dagegen, dass Ihre Professur durch die Stelle einer wissenschaftlichen Mitarbeiterin verstärkt wird.»

In meinen ersten Jahren an der Universität Bayreuth wiederholte sich diese offene Anfeindung der von mir repräsentierten Themen. Immer wieder wurde mir vorgeworfen, dass ich den Kuschelverein der Bayreuther Afrikastudien störe. Kolleg*innen provozierten mich mit der Frage, ob man in meiner Anwesenheit überhaupt noch weiße Milch in schwarzen Kaffee gießen dürfe. Manche fragten auch einfach mal so nebenbei, was ich denn mit «quer» (sie bezogen sich auf Queer Studies) meine.

Noch immer büße ich jederzeit meinen Status als Wissenschaftlerin ein, sobald ich Rassismus kritisiere. Ich werde zur Ideologin erklärt. Ich akzeptiere das als Preis für den von mir gewählten Weg. Doch auf eines bestehe ich: den Ärger über die Angriffe auf meine Arbeit ebenfalls als politisch einzuordnen. Ich stehe zu meiner Überzeugung, dass Wissenschaftler*innen politisch sein dürfen. Und ich bestehe darauf anzuerkennen, dass es auch eine politische Handlung ist, wenn selbsternannte Hüter*innen der Wissenschaftlichkeit meine gesellschaftspolitisch intervenierende Wissenschaft in gezielt demonstrierter Empörung als unwissenschaftlich oder aktivistisch verurteilen. Ich glaube, den meisten ist dieses Paradoxon auch bewusst. Denn in den allermeisten Fällen wird die politische Empörung über meine politische Wissenschaft unter vier Augen formuliert, während im öffentlichen Raum scheinheilig und kafkaesk die gute alte Bürokratie herhalten muss, um meine Arbeit zu behindern.

Als ich einen Beitrag über diverse Rassismusvorfälle im Blog der Universität Bayreuth schrieb, wurde dieser kurz darauf gelöscht. Als ich dagegen mit dem magischen Wort «Meinungsfreiheit» protestierte, kam er wieder drauf. Er sei nur heruntergenommen worden, weil an dem Tag sonst schon zu viel da gewesen wäre, hieß es dann. In Gesprächen zeigte sich dann aber, dass die Hochschulleitung besorgt war, dass das Benennen von Rassismus an der Universität Bayreuth internationale Studierende verschrecken könnte. Doch es ist genau umgekehrt: Das Label «rassismuskritisch» ist viel wertvoller als das Label «rassismusfrei». Denn während das Letztere Rassismus verleugnet, verspricht das Erstere, dass aufmerksam hingeschaut und kritisch interveniert wird. Genau in diesem Sinne vertritt der Erziehungswissenschaftler Karim Fareidooni die These: «Eine Schule ohne Rassismus gibt es nicht.» Dahinter steht die Aufforderung, hinzusehen.

Auch hinzusehen ist, weil es weder eine Schule noch eine Uni ohne Sexismus gibt. Allen Frauenbeauftragten, Büros für Chancengleichheit, Diversity-Beauftragten und Gender-Mainstreaming-Maßnahmen zum Trotz gibt es noch immer die Pyramide, in der sich die Präsenz von Frauen ausdünnt, je höher sie auf der Karriereleiter klettern müssen. Auch habe ich noch nie erlebt, dass Gleichstellungsmaßnahmen implementiert oder Regelungen gegen sexuelle Belästigung eingeführt werden können, ohne dass empörte Männer nach der Messbarkeit von Diskriminierung oder Nötigung fragen oder betonen, dass Frauen doch nicht nur deswegen einen Job bekommen sollten, weil sie Frauen sind. In vielen Dokumenten meiner Universität findet das sogenannte generische Maskulinum Verwendung, wobei in anderen Kontexten dazu übergegangen wird, neben der männlichen Form auch die weibliche zu benutzen. Das ist insofern mehr als überfällig, als die männliche Form eines Substantivs auch angeblich Frauen mitmeint, aus einer Zeit stammt, in der das Patriarchat Frauen aus dem gesellschaftlichen Leben ausschloss und den Mann als Vormund der Frau zuließ. Doch es ist zugleich überholt. Denn Geschlechtergerechtigkeit meint längst mehr als Gleichberechtigung zwischen Männern und Frauen. Spätestens seit dem Personenstandsgesetz (PstG) § 22 Abs. 3 aus dem Jahr 2018 ist juristisch fixiert, dass es mehr als zwei Geschlechter gibt. Da niemand aufgrund von Geschlecht oder aufgrund von Sprache diskriminiert werden darf, ist es aus meiner Sicht plausibel, dass geschlechtergerechte Sprache non-binäre Menschen repräsentieren muss. Nach jahrzehntelangen Debatten zu geschlechtergerechter Sprache halten viele den Genderstern aufgrund seiner Offenheit in alle Richtungen dafür geeignet. Diesem aber haben viele den Kampf erklärt. Auch die Landesregierungen Bayerns, Hessens und Sachsens, die geschlechtergerechte Sprache in Verwaltungsdokumenten und in Schulen untersagen möchten. Sachsens Ministerpräsident sagte dazu in einem Interview mit der «FAZ» am 16. Oktober 2023: «Ich bin damals in die Koalitionsversammlungen gegangen und habe gleich gesagt: Der Ausbau der Autobahn geht weiter und es wird nicht gegendert.» Die «FAZ» fragte nach, ob ihm geschlechtergerechte Sprache wirklich so wichtig sei wie der Autobahnausbau, und Kretschmer bestätigte: «Ich fand das Beispiel sehr schön.» Nicht allein, dass der Verzicht auf geschlechtergerechte Sprache bei ihm so eine hohe Priorität hat, verwirrte mich, sondern vor allem die Kombination mit dem Verweis auf den «Weiterbau der Autobahn». War ihm die semantische Nähe zum Autobahnbau der Nazis nicht bewusst? Auch Ministerpräsident Markus Söder betonte in seinem «Regierungsprogramm der Zukunft» im Dezember 2023: «Für Bayern steht fest: Mit uns wird es kein verpflichtendes Gendern geben. Wir werden das Gendern in Schulen und Verwaltungen sogar untersagen.» Das wirkt sich auch auf meinen Alltag aus. Denn das Bayerische Ministerium für Wissenschaft und Kunst weist schon seit dem 30. September 2023 u. a. an, dass der Genderstern (als sogenanntes Sonderzeichen) nicht in offiziellen Dokumenten verwendet werden kann, «um sprachliche Künstlichkeit oder spracherzieherische Tendenz(en) zu vermeiden.» Das führte nun etwa zu der abstrusen Situation, dass die Grundordnung der Universität den Sprecher*innenrat nicht so nennen darf und dieser nun in der Grundordnung als Ressortrat bezeichnet wird. Dass sich nun der Sprecher*innenrat gar nicht von der Grundordnung angesprochen fühlen muss, entbehrt nicht einer gewissen Komik. Am Ende aber ist das weder komisch noch eine Bagatelle, denn das Verbot geschlechtergerechter Sprache verstößt gegen verfassungsrechtlich verbürgte Grundrechte und diskriminiert etwa nicht-binäre Personen.

Seit Jahren berate ich non-binäre Kinder, die zuhause nicht als die Person, die sie sind, akzeptiert werden – und deren Eltern. Letztere begründen ihre fehlende Unterstützung mit einer für sie plausiblen Begründung: «Ich möchte doch, dass es meinem Kind gut geht in dieser Welt. Und das geht nicht, wenn es sich so ‹anders› verhält.» Doch das Problem ist ja nachgerade, dass das Kind seine eigene Normalität längst gefunden hat; dass aber die Gesellschaft diese Normalität als «anders» einordnet. Kinder brauchen Liebe, Vertrauen und Wertschätzung. Doch geben Eltern (und sei es aus wohlmeinender Sorge) der vorherrschenden Meinung recht und bestehen etwa auf den Namen oder das Pronomen, das sich für das Kind komplett falsch anfühlt, dann fühlt sich der junge Mensch dadurch nicht gesehen, sondern verraten und verletzt. Gerade weil sich die Debatten immer wieder um den Körper drehen, ist es leider nicht selten, dass die erfahrene Diskriminierung mit einer Selbstverletzung einhergeht. Das aber nehmen dann Eltern, Schule und selbst Psychiatrien als Begründung dafür, dass mit dem Kind etwas nicht stimme. Und statt an der Diskriminierungserfahrung anzusetzen und die jungen Menschen zu stärken, wird die eigene non-binäre Identität als eigentliche Ursache der Erkrankung missgedeutet.

Das Studium ist oft die erste Zeit, in der junge Erwachsene selbstbestimmt leben können. Doch universitäre Räume schreiben alte Wunden fehlender Repräsentation fort. Das leisten etwa Toiletten, Umkleideräume oder Schwimmhallen, die nur nach Männern oder Frauen sortiert sind, es sei denn, sie sind für Menschen mit Behinderung. Und das bewirken Verbote des Gendersterns. Viele meinen, dass dies ja nur symbolische Orte seien. Doch diese symbolischen Orte stehen für dominante Normsetzungen, die jeden Tag das Existenzrecht von intersexuellen, transgeschlechtlichen und nicht-binären Personen (TIN*-Personen) in Abrede stellen.

Im Lichte meiner Frage, ob Universitäten politisch sein dürfen, komme ich auf mein klares Ja dazu zurück. Denn Universitäten müssen nicht nur ihre Dokumente und Räume den gelebten Realitäten geschlechtlicher Diversität anpassen. Als Bildungsstätten und Wissensschmieden müssen sie insgesamt Verantwortung dafür zeigen, die Gesellschaft mit Argumenten, Kommunikationskompetenzen und Interventionensstrategien gegen Diskriminierung auszustatten.

Aus genau diesem Grund baue ich zusammen mit einigen Kolleg*innen in Bayreuth einen Forschungs- und Lehrschwerpunkt «Intersektionalität» auf. Zunächst gelang es uns, ein Zusatzstudium «Intersektionalitätsstudien und Diversity-Kompetenzen» sowie dank der gewerkschaftsnahen Hans-Böckler-Stiftung das europaweit erste Promotionskolleg für Intersektionalitätsstudien aufzubauen. Parallel dazu bemühen wir uns seit Jahren, den europaweit ersten Studiengang «MA Intersektionalitätsstudien» einzurichten. Dieser aber wird von einer kleinen Gruppe von Funktionär*innen, die an den neuralgischen Hebeln der Universität einander die Hände reichen und Schulterschluss üben, systematisch behindert, wobei nicht mal vor Lügen oder der Weitergabe falscher Abstimmungszahlen zurückgeschreckt wurde. Unter vier Augen wurde das eigentliche Motiv genannt: der Studiengang sei zu ideologisch. Das aber befremdet mich. Vor allem auch vor dem Hintergrund, dass es etliche Kolleg*innen an der Uni Bayreuth gibt, die wiederholt rassistische oder sexistische Inhalte lehren, und dass die Schlagende Burschenschaft Thessalia Prag auf dem Campus aktiv ist und systematisch rassismuskritische Seminare stört. Alice Weidel hat an der Bayreuther Universität promoviert, und der AfD-Spitzenpolitiker Hans-Thomas Tillschneider ist an dieser Privatdozent. Übrigens war der Vorsitzende seiner Habilitationskommission genau der Dekan, der mir eine Stelle verweigerte, damit sich «meine Themen» nicht breitmachen. Vor diesem Hintergrund frage ich mich, wie weit der Schulterschluss gegen den MA Intersektionalitätsstudien wirklich entfernt ist vom Kampf der AfD gegen kritische Wissenschaften wie die Gender Studies, Intersektionalitätsstudien oder Rassismusforschung. Sich gegen die AfD zu wappnen, hat aus meiner Sicht höhere Priorität, als den Genderstern zu verbieten oder einen Studiengang zu verhindern, der Antidiskriminierungskompetenzen vermitteln will.

4. Im Wahlkampf gegen die AfD

Eigentlich mochte ich das Wort «Wahlkampf» bislang nicht. Es klang mir zu sehr nach Meinungsmache, zu sehr danach, dass es nur um Stimmenfang statt Realpolitik ginge. Das erste Mal in meinem Leben aber ziehe ich nun in den Wahlkampf, in den Wahlkampf gegen die AfD. Um dafür gewappnet zu sein, ist es wichtig, zu verstehen, wo die AfD herkommt, warum es ihr gelingt, so viele Stimmen an sich zu binden, und was dem entgegengesetzt werden kann. Natürlich spielen hier viele Faktoren eine Rolle, international wie global. Die entsprechende Spurensuche führt etwa zum Aufstieg der Neuen Rechten sowie zum Unbehagen über die Europäische Gemeinschaft samt ihres Euros. Entscheidend ist aber zum einen, dass sich die AfD aus der Tiefe der europäischen und deutschen Geschichte von Rassismus und Sexismus erhebt. Und zum anderen muss ergründet werden, warum die AfD so gezielt ostdeutsche Stimmen einzufangen weiß – ohne dabei aus dem Blick zu verlieren, dass die AfD eine gesamtdeutsche Partei ist, die auch davon profitiert, dass viele Westdeutsche sich das Problem mit einem Fingerzeig auf Ostdeutsche vom Leib halten wollen.

Von der Leitkultur zur Identitätskrise

Nachdem die Bundesrepublik in den 1950er Jahren proaktiv Arbeitskräfte etwa aus Italien oder der Türkei angeworben hatte, verkündete die Bonner Regierung unter Willy Brandt mit Blick auf die Wirtschaftskrise am 23. November 1973, dass Deutschland keine ausländischen Arbeitskräfte mehr benötige. Die Ära Helmut Kohls (1982–1998) prägte dann das Motto: «Deutschland soll und will kein Einwanderungsland werden.» Edmund Stoiber (CSU) setzte hier 1993 mit einer erstaunlichen Wortakrobatik an, die einräumte, dass es eine «ganz erhebliche [...] Zuwanderung» gegeben habe, wobei diese aber «nichts mit Einwanderung zu tun» habe. 1998 kleidete der CDU-Innenpolitiker Jörg Schönbohm dieses Narrativ in das Argument: «Multikulturalität» sei gescheitert. Sie befördere Parallelgesellschaften und bedrohe die «Leitkultur».

Schon «Kultur» hat es in sich. Kultur kann die «Zauberflöte»-Premiere im Leipziger Gewandhaus meinen, eine Kunstausstellung oder eben so was wie «deutsche Kultur». Dann könnte es auf Sauerkraut oder Pünktlichkeit verweisen, Karneval oder Oktoberfest. In diesem Sinne meint «multikulturell» dann so was wie, dass sich Kultur A von Kultur B unterscheidet. Als wären sie abgeschlossene Container. Nur dass sie in einer Nation leben. Nebeneinander. Das ist mit Parallelgemeinschaft gemeint – und auch, dass es in dieser Konstellation eine dominante Kultur gäbe, die zu Recht den Ton angeben darf. Genau das bringt das Konzept «Leitkultur» auf den Punkt.

Diese ist immer mit einer gehörigen Portion Rassismus aufgeladen. «Deutsche Leitkultur» setzt Deutschland als *weiß* und christlich. Das hier anklingende *ius sanguinis* wurde zwar 1999/2000 von der rot-grünen Regierung unter Gerhard Schröder in das *ius soli*, das Recht des Bodens, überführt, das vom Geburtsprinzip ausgeht. Doch *weiße* Wahrnehmungen von Zugehörigkeit erschütterte dies nicht. Durchaus in Protest gegen die rot-grünen Neuerungen schrieben der damalige wie aktuelle CDU-Fraktionsvorsitzende Friedrich Merz und Hessens Ministerpräsident Roland Koch im November 2000 «Leitkultur» in ein CDU-Grundsatzpapier zu «Einwanderung» ein. Von der Oppositionsbank aus forderten sie damit eine verschärfte Asylgesetzgebung und beschleunigte Verfahren zur Abschiebung. Als die CDU unter Angela Merkel wieder Regierungspartei wurde, wurden Maßnahmen eingeführt, um Einbürgerungen zu verkomplizieren.

Inmitten dieser Aufheizung rassistischer deutscher Selbstverständnisse schrieb Thilo Sarrazin, damals noch SPD, 2010 seine Streitschrift *Deutschland schafft sich ab. Wie wir unser Land aufs Spiel setzen.* Diese greift den völkischen Degenerationsrassismus ab dem 19. Jahrhundert auf, der nach Eugenik verlangt und in der Shoah endete. Deutschsein, so eine der Thesen, sei identisch mit der *weißen* christlichen «Leitkultur». Allerdings sei das *weiße* christliche Deutschland gefährdet und dabei sich «abzuschaffen». Denn Deutschland, so Sarrazin, erlebe einen Geburtenrückgang in *weißen* bürgerlichen Kreisen, während die «Unterschicht» durch «Zuwanderung» aus vor allem «muslimischen Ländern» wachse. Im Wort «abschaffen» steckt eine Handlung, für die er die linke Politik, auch seiner damaligen Partei, ebenso verantwortlich machte wie «Migranten». Letzteren unterstellte er «eine lange Tradition von Inzucht und entsprechend viele Behinderungen». In sichtbarer Nähe zum nationalsozialistischen Gesetz zur Verhütung erbkranken Nachwuchses vom 14.7.1933 und zur nationalsozialistischen Skalierung von (fehlender) Intelligenz nach Gregor Mendel behauptete er: «Es ist bekannt, dass der Anteil der angeborenen Behinderungen unter den türkischen und kurdischen Migranten weit überdurchschnittlich ist. Aber das Thema wird gern totgeschwiegen. Man könnte ja auf die Idee kommen, dass auch Erbfaktoren für das Versagen von Teilen der türkischen Bevölkerung im deutschen Schulsystem verantwortlich sind.» Und obwohl er es war, der muslimischen Menschen die Zugehörigkeit zu Deutschland absprach, warf er ihnen – paradox gewendet – vor, sich zu weigern, deutsch zu werden. Zwar regte sich Widerspruch und Empörung. Und doch blieb sein Buch über Monate auf Bestsellerlisten und verschaffte ihm auch Einladungen in fast jede deutsche Talkshow. So hinterließ er deutliche Spuren, die sich 2015 in die Rede von der «Flüchtlingskrise» einbrannten.

Was war passiert? V. a. durch den Krieg in Syrien erreichten 2015 deutlich mehr Geflüchtete als in den Jahren zuvor Deutschland. 2014 wurden 202 834 Anträge auf Asyl gestellt. 2015 und 2016 kamen insgesamt eine Million Menschen dazu. Diese deutliche Steigerung brachte einzelne Kommunen und Behörden an die Grenze ihrer Belastbarkeit. Das war aber kaum eine die gesamte Gesellschaft erfassende Krise, weder im Vergleich zur Covid-Pandemie 2019/20 noch gemessen daran, dass Menschen millionenfach flüchten und ihr Leben aufs Spiel setzen mussten, um am Leben zu bleiben. Während Merkels «Wir schaffen das» der eskalierenden Katastrophe Rechnung trug, nannte Horst Seehofer diese verantwortungsvolle Politik, die sich auch aus historischer Schuld gegenüber dem Globalen Süden ergab, eine «Herrschaft des Unrechts». In den Debatten um die sogenannte Flüchtlingskrise zeigte sich aber, dass es sich letztlich um eine «Identitätskrise» handelte. Es ging um die Angst, dass Deutschland nicht mehr den *weißen* christlich sozialisierten Deutschen allein gehöre. Und damit ging es um die Frage, wem Deutschland mit seinen Ressourcen und Zukünften gehören dürfe. Diese «Identitätskrise» ist der Kern der Leitkultur-Debatten, und damit schufen diese den Nährboden für den Aufstieg der am 6. Februar 2013 gegründeten AfD. Umgekehrt gibt die AfD diesen Debatten Futter. In dieser Wechselwirkung ist es etwa sehr aussagekräftig, dass Friedrich Merz im Herbst 2023 Sarrazins Buch «Deutschland schafft sich ab» als wegweisend bezeichnete (und es für unverständlich erklärte, dass die SPD ihn hinauswarf) und dass der 70-seitige Entwurf für ein neues Grundsatzprogramm der CDU die Leitkultur-Debatte der 2000er Jahre nun wieder aufnimmt. In diesem werden «unsere Werte» bewusst von «Muslimen» abgesetzt. So wird eine klare Ausgrenzungsagenda gegenüber den zehn Prozent Deutschen, die BIJPoC sind, formuliert sowie gegen weitere drei bis fünf Prozent langfristig oder vorübergehend auf Visumsbasis in Deutschland lebende BIJPoC. Diese Agenda der Ausgrenzung aber klingt nicht nach einem «Nie wieder!», sondern nach noch mehr Rückenwind für die rassistische Agenda der AfD, BIJPoC-Staatsbürgerschaften abzuwerten oder rückzubauen und zu verhindern, das Geflüchtete in Deutschland Anträge auf Asyl stellen können.

Wer AfD wählt, wählt Rassismus und Sexismus

Die «Alternative», die im Parteinamen «Alternative für Deutschland» steckt, setzt bei dem Postulat an, dass Deutschland einer radikalen Neuerfindung bedürfe. Im Kern geht es der AfD darum, eine «Wende 2.0» zu erwirken – sich die Revolution von 1989 anzueignen, diese aber zurück in eine autokratische Herrschaft zu führen, welche einer Nation völkischen Typs vorsteht. Eingebunden in einen europaweiten sowie transatlantischen Aufstieg rechtspopulistischer Parteien, die in weiten Teilen rechtsextrem agieren, strebt die AfD einen Dexit an: Deutschlands Austritt aus dem Euro und der EU. Dabei geht es nicht nur um ein Nein zu Investitionen in dieses politische, kulturelle und wirtschaftliche Bündnis, sondern vor allem auch darum, den völkischen Nationalismus zu retten. In diesem Sinne nennt Höcke die EU eine «Globalisierungsagentur» und bekannte sich die AfD bei ihrem Parteitag in Magdeburg im August 2023 zu einem rechtspopulistisch konzipierten «Bündnis europäischer Nationen» als Alternative zur EU. Dieses würde wirtschaftliche Bündnisse erlauben, jedoch Nationalstaatlichkeit großschreiben, um den Nationen Kompetenzen und Entscheidungen zurückzugeben.

Wirtschafts- und sozialpolitisch steht die AfD, die sich populistisch gern «als Partei des kleinen Mannes» darstellt und die von vielen gewählt wird, weil sie das, ohne hinzusehen, glauben, für das genaue Gegenteil. In neoliberalem Stil setzt die AfD auf Steuersenkungen für Gewerbe, Landbesitz oder Erbende. Das solle den Standort Deutschland wirtschaftlich attraktiver machen. Wettbewerb soll Wohlstand ankurbeln. Das aber ist als Wohlstand der Wohlhabenden gedacht. Entsprechend stimmte die AfD im Deutschen Bundestag etwa dagegen, dass 5,5 Mrd. Euro in den sozialen Wohnungsbau investiert werden. Auch gegen höhere Freibeträge für Alleinerziehende, einen einmaligen Kinderbonus von 300 Euro, eine Verbesserung der Kita-Infrastruktur oder der Ganztagsbetreuung stimmte die AfD. Die AfD ist auch dagegen, dass Geringverdienende weniger Sozialversicherungsbeiträge zahlen und Langzeitarbeitslose Lohnzuschüsse bekommen. Auch eine Sozialpolitik, welche Menschen im Niedriglohnsektor oder ohne nennenswerten Besitz unterstützt, gehört nicht zum Portfolio der AfD. Und diese Liste ließe sich noch verlängern.

Das zu wissen, ist wichtig, um die Rede von der Alternative «für das Volk» richtig einzuordnen. Ob nun Björn Höckes SA-Spruch «Alles für Deutschland», der Wahlspruch «Politik für das eigene Volk!» (Wahlplakat Rheinland-Pfalz, 2016) oder Alice Weidels und Tino Chrupallas «Unser Land zuerst»: Es geht nicht um «das Volk» im französischen Sinne von «peuple», also alle Menschen insgesamt. Die AfD steht für eine nationalistische Wende, in der «Volk» im Sinne von «Leitkultur» *weiß* und christlich sozialisiert bedeutet. Das ist es, was hinter dem AfD-Slogan «Deutschland. Aber normal» steckt: eine rassistische Agenda. Der faule Trick dabei ist, dass die AfD zwar sagt, dass es Weißen besser gehen soll als BIJPoC, dass sie aber am Ende gar keine Partei mit sozialpolitischen Zielen ist, die auf eine Verbesserung der Lebenssituation prekär lebender Menschen hinarbeitet – ganz unabhängig davon, ob sie nun *weiß* sind oder nicht. Die AfD instrumentalisiert den *weißen* Volksbegriff bloß, um Rassismus zu eskalieren und daraus dann Profit in Form von Wahlstimmen zu schlagen.

Zum Kern der Partei gehört zudem eine positive Rückbesinnung auf die Vergangenheit. Nazisprech wird kopiert, Kolonialismus und Nationalsozialismus werden verharmlost. Deutsche müssten ihren «Schuldkomplex», wie Björn Höcke es nennt, ablegen. Genau dies ist auch der Kontext für Gaulands Einordnung des Nationalsozialismus als «Vogelschiss». Und wenn Alice Weidel im Sommerinterview 2023 sagt, dass sie den Tag der Kapitulation des NS-Regimes nicht feiern wolle, weil es ein Tag der Niederlage sei, bedient das genauso die AfD-Geschichtsklitterung. Auch die SED-Diktatur wird verharmlost, was einerseits zur Vorliebe der AfD für autokratische Herrschaft passt und andererseits unverzichtbar ist, um den ostdeutschen Diskriminierungsschmerz zu schüren und sich zunutze zu machen.

Die AfD nährt sich aus Populismus. Sie aber bloß als populistische Partei zu bezeichnen, verharmlost sie. Seit ihrer Gründung hat sie sich immer weiter radikalisiert. Gemäßigtere Personen wurden an den Rand und aus der Partei getrieben. Viele Ortsgruppen oder gar Landesverbände werden inzwischen vom Verfassungsschutz als «rechtsextremer Verdachtsfall» beobachtet. Die Thüringer AfD, die sich um Björn Höcke schart, sowie die AfD in Sachsen und Sachsen-Anhalt wurden mittlerweile als «gesichert rechtsextremistisch» eingestuft. Das liegt nicht am Verfassungsschutz, sondern daran, dass sie faschistische Weltbilder vertreten.

In diesem Rahmen ist es wichtig, sich zu vergegenwärtigen, wie die AfD insgesamt in die rechtsextreme Szene eingebunden ist. Viele AfD-Politiker*innen hatten schon lange vor ihrer AfD-Karriere rechtsextreme Biografien. Kontakte zu aktuellen oder früheren Mitgliedern der NPD sind nachgewiesen. Einerseits also landen Personen wie Björn Höcke nicht zufällig in der AfD. Sie kommen bereits aus bestehenden faschistischen Strukturen; andererseits aber suchen sie proaktiv die Nähe zu rechtsextremen Denkfabriken und Bewegungen. Der stellvertretende Landesvorsitzende und stellvertretende Fraktionschef der AfD in Sachsen-Anhalt, Hans-Thomas Tillschneider, war Mitglied der 2018 aufgelösten «Patriotischen Plattform», und er kooperiert eng mit der aus der 2014 gegründeten «Sarrazin-Bewegung» erwachsenen «Identitären Bewegung». Björn Höcke, Vorsitzender der AfD-Fraktion im Thüringer Landtag, ist wie andere Personen seiner faschistischen Thüringer Fraktion Mitglied in der Vereinigung «Patriotische Europäer gegen die Islamisierung des Abendlandes» (Pegida). Zudem kooperiert er mit Götz Kubitscheks rechtsextremer Denkfabrik «Institut für Staatspolitik» (iFS). Das iFS ist ein Zentrum rassentheoretischer und sexistischer «Forschung» und fokussiert darauf, dieses bildungspolitisch aufzubereiten und anzubieten, etwa in Workshops, Camps oder Publikationen. Entlang der übergreifenden Themen «Staatspolitische Ordnung» gibt es fünf Schwerpunktthemen. Neben «Staat und Gesellschaft» und «Krieg und Krise» ist das «Zuwanderung und Integration» sowie «Politik und Identität». Fünftens ist «Erziehung und

Bildung» ein Thema, auch im Sinne der gezielten Ausbildung von «Multiplikator*innen» und v.a. der geistigen Elite der Neuen Rechten. Zusammen mit dem rechtsextremen Monatsmagazin «Compact», der Patriotischen Plattform unter Tillschneider und dem emeritierten Professor für Staatsrecht, Karl Albrecht Schachtschneider aus Franken, gründete das IfS das faschistische Netzwerk «Ein Prozent» um Verleger Philip Stein. Eines seiner Mitglieder ist Alexander Jungbluth, der auf dem sicheren Listenplatz 3 für die EU-Wahlen steht. Dieser kommt auch aus der «Alten Breslauer Burschenschaft», in welcher «Ariernachweise» angedacht waren.

Dass nicht alle AfD-Mitglieder diese Extreme unterstützen bzw. sie bewusst niederschwelliger zu verkaufen wissen, erweckt den Eindruck, dass etwa die Kreise um Gauland oder Weidel als demokratiefähig eingestuft werden können. Am Ende aber steht die AfD in jeder ihrer Strömungen für eine autokratische Diktatur der Diskriminierung.

Dass Parteien diskriminierende Inhalte vertreten, ist weder neu noch Vergangenheit. Auch nicht, dass in allen Parteien Politiker*innen wirken, welche diskriminierend handeln. Die Abschaffung rassistischer oder sexistischer Gesetze im Laufe des letzten Jahrhunderts oder die Einführung von Anti-Diskriminierungsgesetzgebungen in der Gegenwart traf und trifft immer auf Gegenstimmen aus Regierungs- oder Oppositionsparteien. Aber die Parteien als Ganze positionieren sich nicht entsprechend. Bei der AfD aber ist Diskriminierung Parteiprogrammatik. Das schließt ein, die Antidiskriminierungsgesetzgebung anzugreifen. Exemplarisch steht dafür etwa der Vorschlag der AfD-Fraktion des Deutschen Bundestages aus dem Juli 2020, also der Hochzeit der Black Lives Matter-Bewegung nach der Ermordung George Floyds, den Nationalen Aktionsplan gegen Rassismus von 2017 abzuschaffen. Obwohl dieser bislang so gut wie keine praktischen Auswirkungen hatte, behauptet die AfD, dass dieser, wie auch die Debatte über Rassismus im Allgemeinen, die Gesellschaft entzweie – und es, wenn überhaupt, hierzulande nur Rassismus gäbe, der Weiße benachteilige. Das ist nur ein Vorgeschmack dessen, was die AfD eigentlich will: eine Gesetzgebung, die BIJPoC bedroht und vertreibt. Eine rassistische Gesetzgebung also – und diese war in Deutschland bislang ein Alleinstellungsmerkmal der NSDAP. Auf diese Rückkehr in die Vergangenheit arbeitet die AfD-Propaganda gezielt hin.

Deutschland verkrafte die «Millionen von Flüchtlingen» nicht mehr, auch nicht die aus der Ukraine. Deswegen verlangt die Parteivorsitzende Weidel nach einer «Festung Europa», was mit dem «Absaufen! Absaufen!» korrespondiert, das auf Pegida-Demonstrationen zu hören war. Dass seit dem «Asylkompromiss» von 1993 auch der grundrechtlich verbürgte Schutz auf Asyl systematisch so reformiert wurde, dass er nur noch in den wenigsten Fällen Anwendung findet, ignoriert die AfD. Es geht ihr ja auch nicht um konkrete Problemlösungen, sondern darum, Geflüchtete als «inneren Feind» zu inszenieren, damit die eigene Diskriminierungsagenda verfängt. Als (um mal Pegida als handgeschneiderte Massenorganisation der AfD zu zitieren) «Patrioten gegen die Islamisierung des Abendlandes» hat sich die AfD dabei stark auf den Islam eingeschossen, wobei dieser immer als fundamentalistisch gesetzt wird. Zu diesem Zweck inszenieren Fake-News und manipulative Überbewertungen einzelner Ereignisse «den Islam» oder «den islamischen Mann» als «islamistischen Gefährder» oder «Vergewaltiger». Am Ende aber wird antimuslimischer Rassismus mit Antisemitismus, Antiziganismus und dem Rassismus gegenüber Schwarzen, ganz im Geiste der jahrhundertealten Gleichzeitigkeit verschiedener Rassismen, verzahnt. Entsprechend vermengt die AfD auch systematisch Begriffe wie «Flüchtlinge», «Islam», «Asylanten», «Gäste» oder «Migranten». Das ist kein Zufall, sondern eine bewusst gewählte rassistische Strategie, die alle BIJPoC, ob mit oder ohne Pass, in einen Container stopft, der deportiert werden soll. Die AfD vertritt also die Forderung nach einer konsequenten Verfolgung und Vertreibung aller BIJPoC. Genau das steckt in der Forderung nach «millionenfacher Remigration». Diese brachte der Spitzenkandidat für die EU-Wahlen, René Aust, auf dem Parteitag im August 2023 wie folgt auf den Punkt: «Ihr (alle BIJPoC duzt er, in alter Abwertungsmanier) werdet diesen Kontinent nicht zu eurer Heimat machen.» Hier wird deutlich, worum es der AfD bei der Skandalisierung von Geflüchteten bzw. «Migranten» eigentlich geht: um «identitäre Fragen» und rassistische Antworten darauf. Es geht um ein Ja zur autokratischen Volksvergangenheit und die Auffassung, dass Deutschsein völkisch an Weißsein und christliche Sozialisation gebunden wird, die explizit auch (ostdeutsche) Atheist*innen mit meint. Ihnen allein stünden Deutschlands Ressourcen und Zugehörigkeiten zu.

Genau das drückt der AfD-Neologismus «Ethnopluralismus» als Leitkultur 2.0 aus. «Ethno» leitet sich aus dem Altgriechischen für «Volk» ab, was im AfD-Sprech ein Synonym für «Rasse» ist. Ethnopluralismus geht davon aus, dass es viele Kulturen gäbe, die klar voneinander abzugrenzen sind, wobei «Kultur» an Blut und Genen festgemachte «völkische Rassen» meint und die *weiß*-christliche Deutsch-Kultur als überlegene Norm/alität gesetzt wird. Doch «Pluralismus» wird nicht bejaht, sondern als Bedrohung inszeniert. Ethnopluralismus behauptet, dass es im Wesen von Kulturen läge, separiert (segregiert) zu leben. Es gäbe eine biologistisch begründete und unveränderbare Einheitlichkeit von Völkern, welche kulturell, sprachlich und religiös definiert sei. Diese Grenzen zu beschützen und Durchmischung zu vermeiden, sei existenziell wichtig. Entsprechend müssten sich «*weiße* christliche Gesellschaften» europaweit und zugleich in einem nationalstaatlichen Sinne vor «Überfremdung» schützen. Das aber ist nichts anderes als eine Rückkehr zum völkischen Gedankengut des Degenerationsrassismus (ca. 1870–1945) zum Schutze *weißer* Reinheit und Überlegenheit. Wie sehr diese rassistische Beanspruchung Deutschlands mit der sexistischen Agenda der AfD korreliert, zeigt sich exemplarisch in der Aussage Johannes Normanns aus dem Regierungsbezirk Unterfranken in den Jahren 2017 und 2021: «Ein Land, das jeden reinlässt, wird genauso ‹geachtet› wie eine Frau, die jeden ranlässt.»

Genau hier setzt der Sexismus der AfD an. Denn der AfD-Slogan «Deutschland. Aber normal» steht auch für ein Weltbild, das ein heterosexuelles Familienmodell zum Maß aller Dinge erhebt, in dem Frauen attraktive Sexualobjekte, dienende Ehe- und Hausfrauen sowie verheiratete Mütter sind. 2017 drückte das ein Wahlplakat der AfD aus. Es titelte: «Neue Deutsche? Machen wir selber». Dieser Text überzog ein Bild, das einen Schwangerenbauch einer *weißen* Person ohne Kopf im Sinne von vernunftsfern, aber fortpflanzungszuständig zeigt. Entsprechend hat es sich die AfD zum Ziel gesetzt, Schwangerschaftsabbrüche zu erschweren. Diese politische Aneignung der Frauenkörper als völkische Gebärmaschine ist nur die eine Seite der Medaille. Auf der Rückseite wird sexuelle Nötigung verharmlost oder gar gerechtfertigt. Und auch die Rede vom Mann als Eigentümer von Frauenkörpern ist wieder da. So sagte etwa der AfD-Kommunalpolitiker Gerhard-Michael Welter, damals noch als CSU-Mitglied, 2015/16: «Frauen brauchen einen Vormund. Bei Ihnen und ein paar anderen ‹Menschen mit Menstruationshintergrund› kann ich es sogar nachvollziehen.»

Die Fortpflanzung zum Maß aller FrauenDinge erhebend, besteht die AfD zudem auf der binären Ordnung von Mann und Frau. Der EU-Spitzenkandidat der AfD, Maximilian Krah, sagte dazu im November 2023 in einem Post: «Es gibt nur zwei Geschlechter. Sie sind genetisch determiniert. Man kann sie nicht wechseln. Sie sind großartig, es braucht echte Männer und echte Frauen. Die Gender-Theorie ist Unsinn, und Feminismus ist Krebs. Die Zukunft hängt daran, dass echte, mutige und gesunde Männer und Frauen viele Kinder haben, die in der Gemeinschaft der Ähnlichen verwurzelt aufwachsen und sich als Teil einer generationenübergreifenden Tradition verstehen.» Nachdem er viele Likes seiner Crowd erntete, fügte er wenig später hinzu: «Feminismus heute ist Krebs. Er bedeutet, dass Männer in Mädchentoiletten dürfen. Er vernichtet die Weiblichkeit, zerstört junge Menschen und verhindert Kinder.» Hier wird deutlich, wie die Fortpflanzungspropaganda sowohl Frauen einsperrt als auch alle Geschlechter, die aus diesem Normalitäts-Modell ausscheren, attackiert. Homosexualität, Intersexualität und Transgeschlechtlichkeit werden als Gefährdung des «deutschen Volkes» gesehen. Die AfD steht in der ersten Reihe des Kampfes gegen gesetzliche Errungenschaften, die als «Regenbogenterror» denunziert werden.

Ein Verbot des «dritten Geschlechts» und Homosexualität, samt Rückkehr zu gewaltvollen «Umerziehungen» von Homosexuellen ist der AfD ebenso wichtig wie das Verbot von gleichgeschlechtlichen Ehen. Natürlich lässt sie sich auch bei den Kulturkampf-Schauplätzen wie geschlechtergerechter Sprache oder den Gender Studies die CDU nicht lumpen.

Im Juni 2020 stellte die AfD-Fraktion des Bayerischen Landtages eine Anfrage, die sich um eine angebliche «Gefährdung der Wissenschaftsfreiheit durch Eingriffe im Sinne der ‹politischen Korrektheit›» sorgte. Zwar war das eine Farce, aber es schuf Aufmerksamkeit und erfüllte einen zweiten Zweck, nämlich Arbeitszeiten der Gender-Studies-Forschung an allen bayerischen Universitäten zu binden. Diese bürokratische Bekämpfung der Freiheit von Wissenschaft und Lehre praktiziert die AfD als Dauerschleife. Jüngst auch in einer Kleinen Anfrage der AfD-Fraktion des Bundestages zur «Evaluation der Gender Studies durch den Wissenschaftsrat unter Berücksichtigung aller relevanten Einrichtungen in Deutschland». Mit diesen bislang eher nur «kulturkämpferischen» Handlungen zeigt die AfD unmissverständlich, wohin der Weg gehen soll: in Richtung von Victor Orbáns Regierungserlass. 2018 verfügte dieser, Masterkurse der Gender Studies aus der Liste der zugelassenen Studiengänge zu streichen. Zwar können Lehrpersonen weiter Seminare zu diesem Themenfeld anbieten, doch entsprechenden Studiengängen wurde die Akkreditierung entzogen. Ganz in diesem Tenor sagte mein ehemaliger Büronachbar, der an der Uni Bayreuth Privatdozent ist, Hans-Thomas Tillschneider, in einer Bewerbungsrede für die AfD-Liste zur Europawahl 2018 mit Blick auf (auch) meine Arbeit: «[A]n meiner Fakultät in Bayreuth [werden] kaum noch Wissenschaften betrieben […], sondern eher Karnevalsumzüge wie Gender Studies oder Kritische Weißseins-Forschung.» Bisherige Attacken auf die Gender Studies oder Rassismusforschung hatten bisher nur den Zweck, die Öffentlichkeit aufzuheizen. Unter AfD-geführten Regierungen aber könnten entsprechende Verbote folgen.

Während die AfD also Errungenschaften bei der Gleichstellung aller Geschlechter bekämpft, eignet sie sich die von ihr missbilligten Erfolge an – zum einen, um zu behaupten, dass Frauen hierzulande gar nicht diskriminiert würden. Denn auf dieser Schiene lassen sich Maßnahmen zum Ausbau der Gendergerechtigkeit boykottieren. Ganz in diesem Sinne stimmte etwa die AfD Sachsen gegen Maßnahmen gegen den Gender Pay Gap mit der Begründung, dass dies «abstrus» sei, weil es in Sachsen gar keinen Gender Pay Gap gäbe, und wenn, dann würden Männer benachteiligt – jedenfalls laut Alexander Wiesner, der Mitglied im Ausschuss für Gleichstellung des Sächsischen Landtages ist.

Zum anderen werden die Errungenschaften zur Gleichstellung der Geschlechter instrumentalisiert, um dem Islam die Zugehörigkeit zu Deutschland abzusprechen. Fürsorge heuchelnd, verurteilt die AfD den Islam als homo- und transphob sowie frauenfeindlich: «Frauen würden sich nicht mehr auf die Straße trauen». Aus dem Mund einer Partei, die offen Frauen auf Lustobjekte und Gebärmaschinen reduziert und Maßnahmen gegen Homo- und Transsexualität anstrebt, klingt das alles andere als plausibel. Sexismus oder Homophobie im Islam werden von der AfD scheinverurteilt, um die eigene sexistische, homo- und transphobe Hetze rhetorisch zu tarnen und sie dadurch nur umso intensiver ausüben zu können.

Am Ende kann die AfD so beides unter einen Hut bringen: den Islam verurteilen und sich selbst als Norm abfeiern, aus der Homo- und Transsexualität ausgeschlossen werden. An sich braucht die AfD nicht mal die Lüge, sich für die Gleichberechtigung aller Geschlechter einzusetzen. Denn am Ende stören sich AfD-Wähler*innen zwar am Islam, nicht aber an Homo- und Transphobie.

Kann die AfD unsere Demokratie unterwandern?

Im Januar 2024 deckten investigative Journalist*innen von «correctiv» auf, dass es in Potsdam zu Treffen von Rechtsextremen, Faschisten, Identitären und Funktionären der AfD gekommen war. Sie verständigten sich im Falle einer Machtergreifung über die «Deportation» von Millionen Menschen. Ein Funktionär der AfD aus Sachsen-Anhalt betonte dabei, sie müssten das Land für PoC unbewohnbar machen. Auch der US-Präsidentschaftskandidat Trump spricht mittlerweile von Millionen «Deportationen», die anstünden, würde er im Januar 2025 erneut Chef im Weißen Haus werden. Ausdrücklich hat die Potsdamer Geheimrunde damit auch Menschen gemeint, die die deutsche Staatsbürgerschaft besitzen, ihrer Meinung nach aber keine «richtigen» Deutschen seien. Björn Höcke spricht in diesem Zusammenhang davon, Deutschland wieder «deutscher» machen zu wollen. Die Absicht ist klar. Und auch wenn AfD-Funktionäre seit diesen Enthüllungen, sofern sie überhaupt etwas dazu sagen, betonen, das würde alles «rechtsstaatlich» ablaufen, ist eindeutig, dass diese Pläne weder mit dem Grundgesetz noch mit der Allgemeinen Erklärung über die Menschenrechte (UNO 1948), die die Bundesrepublik ratifiziert hat, auch nur ansatzweise in Übereinstimmung zu bringen sind. Solche strategischen Überlegungen knüpfen direkt an die Methode der Nationalsozialist*innen an. Besonders bedrückend dabei: Die demokratische Zivilgesellschaft begehrte gegen diese Pläne sofort auf, der Protest im Januar 2024 war unübersehbar, aber insbesondere in den Sozialen Medien baute sich eine unübersehbare und unüberhörbare breite Unterstützerfront für diese inhumanen Pläne auf. Mit anderen Worten: Die Unterwanderung unserer Demokratie hat längst begonnen.

Ich weiß nicht, ob es noch fünf vor zwölf ist. Zumindest ist die AfD, welche derzeit ca. 40 000 Mitglieder mit stark steigender Tendenz zählt, noch nicht in der Lage, ihre politischen Vorstellungen Wirklichkeit werden zu lassen. Doch bereits jetzt macht sie mehr als nur «Kulturkampf» und steigt ihr Einfluss innerhalb des politischen Systems. Schon bei ihrer zweiten Teilnahme an einer Bundestagswahl im Jahr 2017 schaffte es die AfD mit 94 Abgeordneten in den 19. Bundestag. Bei den Zweitstimmen hatte sie 12,6 Prozent erzielt und in Sachsen sogar drei Direktmandate gewonnen. Damit wurde die AfD zur stärksten Oppositionspartei zur Zeit der Großen Koalition. Bei den Bundestagswahlen 2021 erlangte die AfD dann zwar mit insgesamt 10,3 Prozent weniger Zweitstimmen als zuvor. Doch seither legt sie sowohl in den Umfragen als auch bei Landtagswahlen und an politischer Extremität zu.

Nach der Bundestagswahl 2017 wurden die beiden Fraktionsvorsitzenden Alice Weidel und Alexander Gauland Oppositionsführer*innen (das Sternchen genieße ich) im Deutschen Bundestag mit weitreichenden Rede- und Repräsentationsrechten. 2019 ließ sich Thomas Kemmerich (FDP) mit AfD-Stimmen zum Ministerpräsidenten von Thüringen wählen. Auch wenn das nur wenige Stunden hielt, war das Exempel gesetzt. Dass eine Minderheitsregierung, wie es die von Kemmerich gewesen wäre, immer nach den fehlenden Stimmen suchen muss, zeigt, wie dicht fehlende Brandmauern an Kooperationen und Zugeständnisse grenzen. Im Juni 2023 wurde im thüringischen Sonneberg erstmals ein AfD-Politiker zum Landrat gewählt. Kurz darauf wurde Hannes Loth erster hauptamtlicher Bürgermeister der AfD, und zwar in der sachsen-anhaltinischen Kleinstadt Raguhn-Jeßnitz. Im Dezember 2023 wählte Pirna den ersten Oberbütgermeister der AfD. Als eine Partei mit eigenen Fraktionen im Deutschen Bundestages und in den Länderparlamenten geriert sich die AfD immer mehr als «normale politische Partei» und hat, insbesondere durch Ausschussarbeit, schon jetzt politische Gestaltungsmöglichkeiten. Als Regierungspartei aber könnte die AfD ihre neugewonnene Macht für die Errichtung einer autokratischen Diktatur missbrauchen.

Zwar ist aktuell noch in keinem Bundesland von einer absoluten Mehrheit der AfD auszugehen, so dass klare Verabredungen unter den übrigen Parteien verhindern können, dass die AfD in Regierungspositionen kommt. Wie belastbar diese Brandmauern dauerhaft sind, steht aber nach irritierenden Aussagen des CDU-Vorsitzenden Friedrich Merz und einiger seiner Parteikolleg*innen in Frage. Der Hamburger CDU-Bundestagsabgeordnete Christoph Ploß etwa forderte im Oktober 2023, dass ein AfD-Bundestagspräsidiumskandidat nicht mehr von den anderen Parteien blockiert werden sollte. Diese Normalisierung macht nicht nur Angst. Sie könnte auch den Boden bereiten für bislang für unmöglich gehaltene Regierungsbildungen. Sollte die Parteigründung von Sahra Wagenknecht erfolgreich sein und die Gruppierung tatsächlich Mandate erringen, dann werden solche Bündnisse noch wahrscheinlicher. Noch weiß keiner so recht, wie das konkrete Szenario aussehen könnte, mit dem die AfD ihre autokratischen Strukturen durchsetzen würde. Doch Jurist*innen wie Nora Markard oder das Thüringen-Projekt des Verfassungsblogs mahnen an, diese Szenarien zu antizipieren, um gewappnet zu sein.

Schon auf Länderebene wäre eine Regierungsbeteiligung der AfD ein Erdbeben. Daraus würden sich nicht nur langfristige Einflussmöglichkeiten ergeben, sondern auch Plätze im Bundesrat. Auf Bundesebene aber wäre eine Regierungsbeteiligung ein Tsunami, der braunes Wasser in alle Ecken spülen würde. Denn eine AfD in der Bundesregierung würde dieser Einflussmöglichkeiten auf die Legislative und Exekutive der Bundesrepublik Deutschland und damit auf deren Zukunft geben.

Sobald AfD-Politiker*innen im Kabinett säßen, böte sich über Minister*innenposten die Möglichkeit von Eingriffen in Personalien und Entscheidungen von Ministerien, aber auch auf andere Institutionen sowie auch Gesetzgebungen. Entsprechend könnte die AfD diese Herrschaftsinstrumentarien missbrauchen, das Wahlrecht zu ändern, Kontrolle über Medien auszuüben, die Justiz den eigenen Bedürfnissen entsprechend umzugestalten oder der Freiheit von Kunst oder Wissenschaft einen Riegel vorzuschieben und die Bildungspolitik in ihre Richtung zu lenken.

Bestellte die AfD etwa das Innenministerium, dem der Verfassungsschutz unterstellt ist, hätte sie Einfluss darauf, ob einzelne Orts- oder Landesverbände oder auch Strömungen in der AfD sowie deren Verbündete wie Pegida oder Kubitscheks rechtsextreme Denkfabrik «Institut für Staatspolitik» (iFS) unter Rechtsextremismusverdacht gestellt und entsprechend ausgebremst werden können. Mehr noch: Die AfD könnte den Verfassungsschutz in Richtung jedweder Opposition gegen die AfD in Stellung bringen.

Zudem böte eine Regierungsbeteiligung der AfD dieser die Möglichkeit, gesellschaftspolitisch wichtige Positionen in einschlägigen

Institutionen zu besetzen. Ein Beispiel dafür sind Rundfunkräte. In diesen wirken Regierungen direkt mit, und sie bestimmen zudem, welche gesellschaftlichen Gruppen in diesen vertreten sind. Hier kann sehr schnell kritische Berichterstattung über die AfD eingedämmt werden, und umgekehrt ist eine staatliche Kontrolle der Medien unter AfD-Regierungsbeteiligung genau das, was Populismus sich nur wünschen kann.

Eine Regierungsbeteiligung böte der AfD zudem Raum, Beamtenstellen etwa in der Polizei, im Bildungswesen, in Anti-Diskriminierungs- oder den Ausländerbehörden sowie in der Justiz parteipolitisch koloriert zu besetzen. Gerichte und die Ernennung von Staatsanwält*innen oder Verfassungsrichter*innen sind ein höchst neuralgischer Punkt. Hier kann die parlamentarische Demokratie nachhaltig beschädigt werden. Bisherige demokratische Gepflogenheiten sind davon geleitet, dass die jeweils aktuelle Regierung mit Augenmaß und im größtmöglichen Konsens neue Stellen besetzt. Das aber kann leicht unterwandert werden. Die Verfassungsrechtlerin Nora Markard betont, wie erst mal harmlos klingende Veränderungen dazu beitragen könnten. Es könnten einfach neue Gremien dazuerfunden werden, etwa ein dritter Senat des Bundesverfassungsgerichtes. Von der polnischen PiS («Prawo i Sprawiedliwość»/«Partei für Recht und Gerechtigkeit»), auch das wäre ein Modell, wurde die Altersgrenze für Richter gesenkt. Ältere Richter verloren dadurch die Stellung, wodurch überproportional viele Stellen zur Neubesetzung frei wurden. Durch solche Manöver könnte sich die AfD also eine überdimensionierte Präsenz in juristischen Institutionen oder Strukturen verschaffen – und somit auch jene Instanzen kontrollieren, die etwa die Gesetzgebung kontrollieren. Wenn aber an diesen neuralgischen Punkten Personen sitzen, die Rechtsextremismus keinen Einhalt gebieten wollen, dann kann er sich institutionell breitmachen. Umgekehrt würde eine AfD-nahe Justiz Widerstand gegen sich behindern oder verbieten. Vor diesem Hintergrund bedürfe es, so Nora Markard, eines «Verfassungsethos» bisheriger Richter*innen. Die Verteidigung des Grundgesetzes müsse als unverzichtbare Grundregelung gelten und nicht als politische Einmischung. Dazu gehört auch, sich rhetorisch zu wappnen – auch, um dem Populismus, der auf diese Stukturen hinarbeitet, das Handwerk zu legen.

Lügen: Populistische Alternative für Deutschland

Um ihr Gewaltregime zu errichten, bedarf es einer radikalen Unterwanderung des bundesdeutschen Rechts- und Politiksystems. Um in diese einziehen zu können, bedarf es aber Wähler*innen. Deswegen will die AfD nicht nur ihren Gegner*innen, sondern auch jenen, die sie wählen sollen, «Honig ums Maul» schmieren. Beim Versuch, sich Wählerstimmen zu verschaffen, setzt die AfD auf Populismus. Diesen groß zu machen, ist leicht. Denn seinem Wesen nach muss er nicht in sich stimmig sein. Er muss allein dem ideologischen Zweck dienen, komplexe Zusammenhänge auf simple Formeln zu reduzieren und möglichst laut zu provozieren.

Der Populismus der AfD setzt zum einen auf Lügen und Paradoxien. Zu solchen Paradoxien gehört etwa, dass die Partei, die vom Lügen lebt, sich darüber empört, dass deutsche Politiker*innen und Medien lügen. Sie redet von «Lügenpresse», während sie es als Ziel ansieht, die Medienlandschaft selbst zu kontrollieren. Und obwohl die Partei eine autokratische Ordnung aufbauen will und dazu Rechtstaatlichkeit, Meinungsfreiheit und Demokratie unterwandern muss, geht sie mit der Erzählung auf Stimmenfang, dass es in Deutschland keine Demokratie, Rechtstaatlichkeit oder Meinungsfreiheit gäbe, während sie davon profitiert, dass Autokratie und faschistisches Denken auf zunehmende Zustimmung stoßen. Von hier aus ist es dann nicht mehr weit, den Staatsschutz, der die Verfassungswidrigkeit der AfD prüft, als Regierungsschutz zu bezeichnen, der verfassungswidrig sei.

Selten gibt eine AfD-Politiker*in ein Interview oder hält eine Rede, ohne sich selbst zu widersprechen. Dabei machen sie sich nicht einmal die Mühe, offensichtliche Widersprüche zu vermeiden oder zu begründen. Alice Weidel behauptet einfach beides: dass der Islam Deutschland homophob mache und dass sie als Frau, die mit einer Frau zusammenlebt, noch nie diskriminiert wurde. In dieses Horn bläst, gleichsam paradox, auch Jörg Stephen Kühne (MdL Sachsen): Im Namen der Religionsfreiheit bedaure er, sagte er im Juni 2023, dass «das Kreuz leider immer weniger in Behörden» hängen würde. Und im Namen der gleichen Religionsfreiheit habe seine Partei dem Sächsischen Landtag den Antrag vorgelegt, das Tragen von Hijabs (er spricht von «Kopftuch») zu verbieten. Der ewige Populismus eben, der sich an seinen eigenen Widersprüchlichkeiten nicht stört, solange das Ziel stimmt – Rassismus: Die AfD möchte, dass «Schüler*innen aus anderen Ländern hier in dieser Kultur ankommen». Denn in «unserem» Kulturkreis gebiete es die Höflichkeit, dass Kopfbedeckungen abgenommen werden, und «kleine Mädchen», die ja hier mit den Eltern nur «Gäste» seien, sollten nicht mit religiösen Symbolen in die Schulklassen kommen. «Integration» sei «eine Bringpflicht», sagt er.

Hier ist die zweite zentrale Strategie des AfD-Populismus angesprochen: Themen groß machen, um sie zu besetzen und mit ihnen Aufruhr zu erzeugen. Populisten docken gern an Themen an, über welche die Gesellschaft streitet. Doch das überlassen sie nicht dem Zufall. Sie suchen sich diese Themen und machen sie dann besonders groß, indem sie sie skandalisieren. Dabei werden Krisen und Katastrophen aufgebauscht, wie die «Flüchtlingskrise» 2015 oder die «Energiekrise» 2023, oder wahlweise eben, je nach Populismus-Logik, wie die Klimakatastrophe verleugnet. Um solche Themen den eigenen Bedürfnissen gemäß zu instrumentalisieren, taugen mit Fake-News unterfütterte Unterstellungen. Obwohl Migration nicht für Armut oder Arbeitslosigkeit *weißer* Deutscher verantwortlich ist und es in vielen Bereichen einen Mangel an Fachkräften gibt (im Pflegesektor etwa), eignet sich die AfD Themen wie Arbeitslosigkeit und Existenzängste in ihrem Sinne an, um daraus Empörung über die deutsche Migrationspolitik zu schüren. Denn während sich die AfD bei ihrer Agenda, Streitthemen zu identifizieren und aufzubauschen, in einem gewissen Grad flexibel zeigt (solange diese Wähler*innenstimmen einzufahren vermögen), gibt es andere, die zur Grundagenda gehören. Dazu gehört ganz zentral Migration.

Die AfD lebt davon, dass sich die Gesellschaft über die ihr von der AfD angerührten Themen streitet, um selbst als «lachende Dritte» daraus Wahlstimmenprofit zu schlagen. Am Ende geht es darum, wichtige Themen als Probleme darzustellen, die angeblich politisch unlösbar seien – nur um dann zu behaupten, dass allein die AfD dann eben doch Lösungen anzubieten habe. Hier ansetzend, weiß die AfD Politikverdrossenheit ebenso zu instrumentalisieren wie zu säen. Wenn Medien diese Provokationen dann als «News» taugende Einschaltgaranten in jedes Wohnzimmer spülen und andere Politiker*innen auf diese Skandalisierungstaktik aufspringen, geht der Plan umso besser auf.

Das ist ein enorm wichtiger Punkt. Keine noch so inhumane Migrationspolitik könnte die AfD ausbremsen. Selbst wenn nur noch eine geflüchtete Person pro Jahr kommen würde oder gar keine mehr, würde die AfD Migranten als Feindbild in Szene setzen. Und auch wenn es keine BIJPoC mehr in Deutschland gäbe, würde die AfD als rassistische Partei noch immer gegen sie hetzen und deren Vertreibung fordern. Um der AfD Wind aus den Segeln zu nehmen, ist es folglich wirksamer, sich nicht auf die von ihr diktierten Themen einzulassen – also etwa nicht mehr so zu tun, als wäre Migration tatsächlich «die Mutter aller Probleme»; oder wahlweise der Genderstern oder die Ächtung des M-Wortes. Denn dann gäbe es weniger Streitthemen, welche die AfD im Sinne ihres Leitbildes anfeuern kann. Am Ende ist die Erhöhung wirtschaftlicher oder gesundheitlicher Sicherheit, wenn auch für unsere Gesellschaft unabdingbar, auch kein Allheilmittel gegen die AfD. Faschismus ist nicht nur eine Frage des Einkommens, sondern auch der Moral. Und diese fehlt der AfD und ihren Wähler*innen. Am Ende scheinen sich ohnehin viele deswegen nicht an den Paradoxien und Lügen des AfD-Populismus zu stören, weil ihnen die Diskriminierung- und Autokratie-Agenda der AfD zusagt. Und nicht einmal «Populismusverwirrung» oder die eigenen Frustrationen, die ökonomische Lage oder der Wille, es «denen da oben» einmal zu zeigen, sind eine Entlastung für jene, die der AfD folgen und ihr ihre Stimme geben. Am Ende trägt jede Person selbst dafür die Verantwortung, ob sie die AfD wählt oder nicht. Und warum. Jede Person kann und muss selbst entscheiden, was sie weiß oder nicht wissen will – und dafür zu sehen, wofür die AfD eigentlich steht: für Rassismus, Sexismus, völkischen Nationalismus, Gleichschaltung von Medien und Meinungen, autokratische Demokratiefeindlichkeit, Militarisierung und totalitäre Herrschaft.

Die AfD ist keine ostdeutsche Partei

Viele meinen, dass die AfD eine ostdeutsche Partei sei, so wie es die Linkspartei einmal gewesen ist. Die AfD begrüßt diese Erzählung nicht nur. Sie setzt sich auch bewusst so in Szene: als die Partei der Ostdeutschen, als die einzige Partei, die sich für die Ostdeutschen wirklich einsetzt und sie wirklich versteht. Die AfD versucht geradezu, sich in die ostdeutsche Identität einzuschreiben, die Wahl der AfD zum Ausdruck des Ostdeutschseins zu machen. Letztlich aber ist es nicht nur für die AfD förderlich, sie als ostdeutsche Partei zu setzen, sondern auch falsch.

Parteimitbegründerin Frauke Petry kommt aus Dresden. 2017 aber trat sie aus der AfD aus. Von den aktuellen Spitzenpolitiker*innen stammen Maximilian Krah (Listenerster für die Wahl zum EU-Parlament 2024) oder Tino Chrupalla (Bundesvorsitzender) aus der DDR. Doch andere Parteigründer*innen und AfD-Köpfe wie Alexander Gauland, Alice Weidel, Andreas Kalbitz, Bernd Lucke oder Konrad Adam (zum 1. 1. 2021 ausgetreten) sind keine Ostdeutschen. Björn Höcke beruft sich gern auf seine Großeltern, um sich «ostpreußisch» zu nennen, wurde allerdings im nordrhein-westfälischen Lünen geboren.

Auch auf der Ebene der zahlenden Mitglieder ist die AfD weit davon entfernt, eine ostdeutsche Partei zu sein. Die Mehrheit der AfD-Mitglieder sind Westdeutsche. Das hat vor allem etwas damit zu tun, dass es insgesamt mehr West- als Ostdeutsche gibt und dass

Westdeutsche prinzipiell häufiger als Ostdeutsche Parteimitgliedschaften innehaben. So stehen die vielen westdeutschen Parteimitgliedschaften gegen die These, dass die AfD eine ostdeutsche Partei sei.

Beim Wahlverhalten bei Kommunal-, Landtags- und Bundestagswahlen sieht es so aus, dass die AfD generationenübergreifend gewählt wird, ohne dass es einen markanten Unterschied zwischen Männern und Frauen gäbe. In ländlichen Räumen ist die AfD besonders stark. Was die Bundesländer angeht: Die AfD wird umso mehr gewählt, je südlicher und östlicher die Wahlurnen aufgestellt werden. Am schlimmsten aber sieht es tatsächlich in ostdeutschen Bundesländern aus. Die AfD fand und findet in Ostdeutschland noch immer stärkeren Zuspruch als in Westdeutschland. Doch nur weil in ostdeutschen Bundesländern mehr Leute die AfD wählen als in den westdeutschen, heißt das nicht, dass der Westen kein AfD-Problem hätte. Überall fährt die AfD große Stimmengewinne ein.

Bei der Bundestagswahl 2017, welche die AfD zur drittstärksten Kraft im Bundestag machte, erreichte die AfD in den ostdeutschen Bundesländern Zweitstimmenergebnisse um die 20 Prozent. In Bayern, Baden-Württemberg, Berlin, Hessen, Rheinland-Pfalz und dem Saarland kam sie aber auch auf über 10 Prozent. Seit 2017 ist die AfD auch in allen Landesparlamenten vertreten, wobei sie aber im Mai 2022 wieder aus dem Schleswig-Holsteiner Landtag flog, während sie in Thüringen 2019 mit 24 Prozent stärkste Partei wurde, mit ca. 7 Prozent Vorsprung vor der CDU. Bei den Landtagswahlen 2023 in Bayern bekam die AfD 14,6 Prozent. Dies entspricht einem Zuwachs von «nur» 4,4 Prozent. Jedoch zusammen mit den 15,8 Prozent der Freien Wähler um Hubert Aiwanger, den die Affäre um antisemitische Flugblätter nicht schwächte, sondern stärkte, und den 37 Prozent der CSU war es das rechteste Wahlergebnis seit 1945.

In aktuellen Umfragen bekunden etwa ein Drittel der Ostdeutschen, der Partei ihre Stimme geben zu wollen, was die AfD in Ostdeutschland mit einigem Abstand zur stärksten Partei macht. Damit stimmt Ostdeutschland tendenziell um die 10 Prozentpunkte stärker für die AfD als Westdeutschland. Hinzu kommt, dass fast die Hälfte aller Ostdeutschen eine autoritäre Staatsverfassung für geeigneter hält als die bisherige Demokratie, um anstehende Herausforderungen in den Griff zu bekommen. Ostdeutschland ist ein Brennpunkt der AfD-Präsenz und insbesondere der rechtsextremen Radikalisierung in Deutschland. Dennoch ist es nach wie vor so, dass zwei Drittel der Ostdeutschen die AfD nicht wählen. Aus all diesen Gründen ist es wichtig, die Ursachen für die ostdeutsche Affinität zur AfD in der Spezifik ostdeutscher Sozialisationsmuster zu suchen, ohne dabei den Sonderweg-Song anzustimmen.

Der ostdeutsche Historiker Rainer Eckert meint, dass der Osten die AfD wähle, um den Westen zu verärgern. Den Westen aufgrund seiner Arroganz oder der von ihm ausgeübten Diskriminierung abzulehnen, sei eine ostdeutsche Stimmungslage, in der auch DDR-Erzählungen über den «bösen Westen» nachklingen. Doch die AfD-Affinität der Ostdeutschen auf politikverdrossene Protestwählerei zu reduzieren, heißt, die Brisanz der Stunde zu verkennen.

Dass Demokratie und zivilgesellschaftliches Handeln von der SED-Diktatur unterbunden wurden und viele der älteren Generationen der Ostdeutschen darin entsprechend ungeübter sind als die meisten Westdeutschen, ist ein Pfund, das der AfD ebenso zugute kommt wie der Umstand, dass Ostdeutsche im Reflektieren von Rassismus und Sexismus offiziell verordneten Unterrichtsausfall hatten. Bei der Geburt bekamen Ostdeutsche zwar keinen Reisepass, wohl aber das Attest zugesteckt, per se antifaschistisch zu sein. Weil ihnen eingeredet wurde, dass sie gar nicht rassistisch oder sexistisch sein könnten, hatten sie nicht gelernt, wie solche Reflexionsprozesse individuell zu leisten sind. In diesem Klima konnte während der Revolution und im Einigungsprozess ein nationalistischer Ton angeschlagen werden, der von einer Rückbesinnung auf Volk als «weißes Volk» geprägt war. Ein Beispiel dafür ist, dass BIJPoC auf Demonstrationen gegen die SED-Diktatur darauf aufmerksam gemacht wurden, dass sie von der Parole «Wir sind das Volk» nicht gemeint seien. Angesichts der Tatsache, dass auch sie von der SED-Diktatur befreit wurden, richtete sich solches Ausschließen an die Zukunft. Entsprechend wirkte es sich auch auf die Vereinigung aus. Kohls Wahlkampfstrategie setzte auf «Keine Experimente mehr», was von der Ost-CDU im Wahlkampf 1990 als «Umkehr in die Zukunft» gewendet wurde. Zu dieser Rückbesinnung auf das Alte gehörte es, sich ganz bewusst in die Tradition des «gemeinsamen Volks» zu stellen, in der deutsch zu sein, heißt, *weiß* zu sein. In diesem Klima wurden antirassistische Transformationen um Jahre oder sogar Jahrzehnte zurückgeworfen. Gleichzeitig erfuhren Ostdeutsche in den Transformationsjahren strukturelle Diskriminierung, wobei Arbeitslosigkeit und Armut ebenso eine zentrale Erfahrung wurden wie eine Ausgrenzung als «Andersdeutsche».

Hier konnte die AfD ansetzen. In den frühen Transformationsjahren wurden ostdeutsche Frustrationsprozesse vor allem von der PDS/Linkspartei gesehen und insbesondere vom Wagenknecht-Flügel rot-national eingefärbt. Jetzt aber tut die AfD so, als würde sie sich dieser Wut annehmen können und wollen. Davon zeugen Aussagen, wie etwa, dass die AfD sozial das Gleiche wolle wie Die Linke, nur eben konsequent an Deutsche (was *weiße* Deutsche meint) zuerst denke und den Ostdeutschen (*weißen* Ostdeutschen) eine Stimme geben möchte. Doch dies ist kein offizielles Wahlprogramm, sondern nur eine Lüge, um der Linken ostdeutsche Wähler*innen abzuwerben. Anders als es Die Linke in den 1990ern und 2000ern war, ist die AfD keine ostdeutsche Partei. Ebenso wenig wie die AfD Interessen von Menschen mit geringem Einkommen vertritt, hat sie vor, ostdeutsche Infrastrukturen oder Biografien zu stärken. Doch der völkische Rettungsring mit der Aufschrift «Nur für Weiße» tat seine Wirkung.

Das funktionierte maßgeblich entlang zweier altbekannter Instrumentarien toxischer Macht, mit dem sich die AfD Ostdeutsche einzuverleiben vermag. Erstens: Menschen werden gegeneinander aufgebracht und Ängste geschürt, um sich dann «der Ängste der Menschen» als deren vermeintliches Sprachrohr anzunehmen. Zweitens: das Teile-und-Herrsche-Prinzip. Macht baut immer auf einer Wechselwirkung von Privilegien und Diskriminierung auf.

Insofern verschiedene Machtachsen parallel bestehen, kann es passieren, dass Menschen auf der einen Machtachse mit Privilegien ausgestattet sind, aber auf einer anderen diskriminiert werden. Es gibt viele Möglichkeiten, damit umzugehen, diskriminiert zu werden. An den Polen der Möglichkeiten gibt es die konträren Handlungsoptionen, es zu ignorieren oder zu bekämpfen. Bei Letzterem kann ich entweder allein kämpfen oder mich solidarisch mit anderen Diskriminierten zusammentun. Ich kämpfe also nicht nur gegen das, was mich diskriminiert, sondern nutze auch vorhandene Privilegien im Kampf gegen Diskriminierungen, die andere (strukturell gesehen auch durch mich) erfahren.

Eine der Möglichkeiten, die zwischen Ignorieren und Bekämpfen liegt, ist das Teile-und-Herrsche-Prinzip. Aus der Perspektive der Herrschenden werden verschiedene diskriminierte Gruppen gegeneinander ausgespielt. Die einen werden noch mehr als Andere behandelt; die anderen bekommen aber ein paar Brotkrumen mehr. In diesen klebt auch der minimale Handlungsraum, die selbst erlebte Diskriminierung dadurch zu kompensieren, dass sie an andere weitergegeben wird. Auch wenn das die eigene Diskriminierung nicht aufhebt, war es schon immer eine beliebte Strategie, selbst erfahrene Demütigungen und Diskriminierungen in Diskriminierungen von Personen überzuleiten, die noch verletzlicher sind. Dies ist leider ein menschlicher Makel.

Für alle Weißen ist Weißsein ein Ticket, das sie gegenüber anderen etwa sexistisch oder klassistisch diskriminierten Personen ausspielen können. Ein Beispiel: Am Rande eines Cafés in einem teuren Berliner Stadtbezirk spielte ein Roma Violine, bis ein Mann erschien, der eine Obdachlosenzeitung verkaufte. Als er den Roma sah, vertrieb er ihn schreiend mit den Worten, dass dieses Café nur für Weiße sei. Dass ihm diese Selbstverortung als Weißer so leicht über seine Lippen ging, verwunderte mich zunächst. Doch angesichts des so virulenten Rassismus ist es doch evident. Am Ende hat Rassismus dem Verkäufer der Obdachlosenzeitung zwar die Macht gegeben, den Roma mit der Violine zu vertreiben. Eine Zugehörigkeit zur Latte Macchiato-Fraktion aber blieb aus, denn letztlich bildet die gegen ihn auch eine Front. Herrschende laben sich an dem Teile-und-Herrsche und obwohl dieses noch nie ein Problem der Beherrschten löste, halten viele dennoch an dieser Scheinlösung fest. Und genau das spielt der AfD bei ihrer Mobilisierung Ostdeutscher in die Hände.

Seitdem 1989 aus dem «Wir sind das Volk» das nach der Einheit rufende «Wir sind ein Volk» wurde, wurde dieses auch zunehmend völkisch ‹weiß› eingefärbt und in die Formel «Deutschland den Deutschen, Ausländer raus» übersetzt. Solche identitären Prozesse kodierten die «deutsche Nation» völkisch als *weißes* Hoheitsgebiet. Das war etwa der Boden, auf dem es zu mehrtägigen Angriffen auf Anlaufstellen und Unterkünfte von Geflüchteten und sogenannten DDR-Vertragsarbeiter*innen in Hoyerswerda (September 1991) und Rostock-Lichtenhagen (August 1992) kam. Zwar waren diese schon in der DDR rassistischer Diskriminierung im Arbeits- und Wohnumfeld ausgesetzt. Doch Rostock-Lichtenhagen gilt als massivster rassistischer Anschlag seit dem Ende des Zweiten Weltkrieges – und die Handschrift der national eingefärbten deutsch-deutschen Vereinigung sowie der ostdeutschen Identitätssuche darin ist nicht von der Hand zu weisen. Dennoch ist es falsch, die Radikalisierung des Rassismus als alleinig ostdeutsches Unterfangen zu setzen. Denn im Mai 1993 wurde etwa auch im nordrhein-westfälischen Solingen (Mai 1993) ein rassistisch motivierter Brandanschlag verübt. Das alles vollzog sich wiederum im gesamteuropäischen Kontext.

Die neuen unabhängigen Staaten in Osteuropa prägten ebenso wie die Neuen Rechten in Frankreich, Italien, Großbritannien und den USA einen Nationalismus, der sich mehr oder weniger nuanciert als *weiß* und christlich verortet. Nach den Terroranschlägen des 11. September 2001 kam es zu einer neuen Feindlinie, mit der sich der durch die EU-Osterweiterung vergrößerte Westen vom «Feindbild Islam» absetzte. Und während die Kriege im Irak und in Afghanistan ausgefochten wurden, erstarkten der antimuslimische Rassismus und sein Credo, dass «der Islam» weder zu Europa noch zu Deutschland gehöre. So entstand ein Paradox. Ostdeutsche nutzten Rassismus, um Teil «des Westens» zu ein. Dieser aber lagerte in seinem Kernnarrativ – auch der EU-Osterweiterung von 2004 zum Trotz – den Osten ebenfalls aus. Doch auch wenn es Ostdeutsche damit keineswegs auf die obersten Stufen des deutschen Olymps schafften und diese *weißen* Treppchen letztlich nicht ausreichen, damit das Ostdeutschsein zum Westdeutschsein aufschließen kann, tat und tut es manchen gut, nach unten zu treten und zu versuchen, erfahrene Diskriminierungen durch rassistische Selbsterhöhungen zu kompensieren.

Das habe ich aus einiger Entfernung bei einem sachsen-anhaltinischen Verwandten von mir, ich nenne ihn mal A., beobachten können. Er hat eine kognitive Einschränkung. Einige Jahre ging er in eine Regelschule, wo es jeden Tag Abwertung hagelte. Letztlich stimmten seine Eltern zu, dass er an eine Schule für kognitiv eingeschränkte Schüler*innen kam. Bis dahin hatten das Ost-Schulsystem und sein Elternhaus seinem Selbstwertgefühl bereits heftig zugesetzt. Wirklich wertschätzend war auch der neue schulische Rahmen seit 1990 nicht. 1994 begann A. zu erzählen, dass Männer mit teuren Autos mit Hannoveraner Kennzeichen vor der Schule standen und ihm Komplimente machten. Sie fanden toll, dass er so stark sei, so groß. Sie fuhren ihn in Hochglanzautos durch die Stadt, während sie Nazirock laut aufdrehten. A. machte einen sichtbaren Selbstbewusstseinssprung. Zeitgleich begann A. rassistische und sexistische Parolen zu dreschen. Die xxx (xxx steht für rassistische Wörter) nehmen uns die Arbeit weg, die xxx dürfen hier überall kostenlos wohnen, gestern haben die xxx wieder deutsche Frauen vergewaltigt, und es gab auch transphobe Sätze mit entsprechendem Vokabular: Die xxx gefährden unser Volk. «Volk» aus seinem Mund in dem Kontext hörte sich bereits nach Gewalt an. Auch wie er Deutsche sagte und dass es den Deutschen schlecht gehe, weil die «Ausländer» ihnen alles wegnähmen, war mir immer ein Stich in mein Herz. Am überraschendsten aber war für mich, dass er sich plötzlich als «Weißen» bezeichnete und von der «weißen Rasse» sprach. Das Brainwashing hatte schnell ganze Arbeit geleistet.

Natürlich ist nicht jede*r Schüler*in einer Schule für kognitiv eingeschränkte Personen anfällig für Nazijargon, und auch akademisch ausgebildete Personen stehen in Nazireihen stramm. Dieses Beispiel aber zeigt, dass die Nazi-Rekrutierer*innen zu instrumentalisieren wissen, dass Leute wie A. unter fehlender Wertschätzung leiden. Auch nicht jede Person, der Wertschätzung fehlt, landet bei Nazis. Bei A. aber funktionierte das. Und ich glaube, es funktionierte auch deswegen, weil seine Eltern nicht intervenierten. Den meisten rassistischen oder sexistischen Parolen stimmten sie zu. Nicht im gleichen drastischen Wortlaut. Aber mit einer ähnlichen Stoßrichtung. Hass gegen Migrant*innen, Abscheu gegenüber Rom*nja, Häme gegenüber transgeschlechtlichen Personen. Das bekam ich mit, solange ich noch zu Familienfeiern ging. Ich war selten länger als zehn Minuten im Raum, bis A.s Mutter solche rassistischen Phrasen drosch, versetzt mit rassistischen Wörtern. Ich glaube, es war eine Mischung: Sie wollten mich provozieren, und sie wollten, dass ich ihnen glaube, dass xxx nur stehlen, dreckig seien, kostenlos in Magdeburg-Olvenstedt leben .... Dass in A.s Elternhaus ideologisch gesehen alles andere als eine klare Grenze gezogen wurde, machte es den Nazis aus Hannover nur noch leichter, ihn zu rekrutieren. Ich machte mehrere Versuche, mit A. zu reden. Wollte dem Nazisprech der Autos und Eltern etwas entgegensetzen. An eine Situation erinnere ich mich dabei besonders. Ich redete mit A. über seine neuen Freunde, und er drosch Nazi-Parolen. Dabei benutzte er aber plötzlich nicht mehr das N-Wort, sondern sagte stattdessen «Schwarze». Als ich ihn darauf ansprach, sagte er: «Ja, ich benutze des N-Wort nicht mehr. Du hast mir doch gesagt, dass ich es nicht benutzen soll, weil es rassistisch ist.» Das fand ich so hoffnungsvoll, dass ich mich regelmäßig mit A. traf. Ich nahm ihn sogar zu einem längeren Forschungsaufenthalt ins Ausland mit. Doch bald merkte ich, dass es nicht um Argumente ging. Populismus ist keine Sachdebatte. Populismus ist sehr emotional. Und A. hatte von diesem Honig geleckt. Er schmeckte ihm gut, weil er ihm das Gefühl gab, stark zu sein. Mein «Meckern» über die Nazis fiel stattdessen in die alte Wunde fehlender Wertschätzung. Je mehr ich seine neuen Freunde als manipulativ beschrieb, umso mehr wandte er sich von mir ab. Denn ich drohte ja, das weiß ich heute, genau das zu zerstören, was ihm Aufwind gab. Hätte er mir geglaubt, hätte ihn das sein neues Selbstbewusstsein gekostet.

Zunächst machte er sich wohl über mich lustig. Mitten in der Stadt wohnten wir, als er gehetzt durch die Tür kam. Seine Klamotten waren zerschnitten, seine Haare zerzaust. Ich fragte besorgt, was passiert sei, und er hatte seine Antwort wohl gut eingeprobt: «Hier waren Nazis, die haben mich überfallen und verprügelt.» Ich bedauerte ihn, strich ihm sein Haar glatt und machte ihm einen Kakao. Als mein Mann nach Hause kam, lachte dieser nur. Nazis? Hier? Da hat dich A. ja mal wieder schön reingelegt. Schließlich beendete A. das «Aussteigerexperiment». Als wir durch einen Park liefen, hob er behutsam einen Schmetterling aus dem Gras. Er hielt ihn meinem 3-jährigen Sohn vor die Augen und sagte: «Schau mal, so ein süßer Schmetterling.» Als mein Sohn nickte, holte A. sein Feuerzeug raus und fackelte den Schmetterling ab. Dabei schaute er mir in die Augen. Ich wusste, dass ich ihn verloren hatte.

Bald darauf wurde A. das zweite Mal angezeigt: Beim ersten Mal hatte er versucht, in einem Autohaus einen Wagen zu stehlen. Beim zweiten Mal ging es um schwere Körperverletzung. Er hatte sich an massiver physischer Gewalt gegenüber Schwarzen beteiligt. Er kam für sechs Monate ins Gefängnis und brüstete sich später damit, dort einen wegen Kindesmissbrauchs verurteilten Mann verprügelt zu haben. Ob das stimmte, weiß ich nicht, auch nicht, ob es stimmte, dass er weiter als Schläger durch die Städte Sachsen-Anhalts zog. Ich hatte ja längst aufgehört, mit ihm zu sprechen.

Aus einiger Ferne bekam ich dennoch mit, dass seine Eltern, die es zu Wohlstand gebracht hatten, ihn wiederholte Male mit einem teuren Anwalt vor Gericht rausboxten. Das ermöglichte es ihm, als Nazi-Schläger weiterzumachen. Bei einer solchen Situation wurde er selbst verletzt und musste in die Notaufnahme. Von dort rief er seine Großmutter an, ihm beizustehen. Nach einer Weile kam der behandelnde Arzt. A. aber verweigerte die Behandlung mit den Worten, dass er sich von so einem (rassistisches Wort) nicht behandeln lassen werde. Seine Großmutter war empört und sagte A., dass jetzt auch mal Schluss sei, denn der Arzt habe definitiv mehr im

Kopf als er. Das rührte aber ja nur in der Wunde von A. Vor allem aber machte dieser Satz es für den Arzt of Color nur bedingt besser. Wäre denn der rassistische Übergriff auf ihn gerechtfertigt, wenn er nicht schlauer als A. wäre? Die Großmutter mochte nicht, was A. sagte; aber sie hatte keinerlei Ahnung, wie sie Rassismus so widersprechen konnte, dass sie dem Arzt einen wirklichen Schutz hätte bieten können.

Das war das Klima, das die AfD vorfand und ab 2013 zu nutzen und zu manipulieren wusste. Auch A. wurde Mitglied. Seine neuen Freunde erkannten sein Potenzial als Bodyguard und Türsteher. Ist A. jetzt glücklich, zufrieden, angekommen? Nein. Das Geringste ist noch, dass er auch dort in den Hierarchien ganz unten steht. Er ist kein Politiker, er ist «Security». Reden kann er nicht, er soll schlagen. Schwarze auf der Straße. Seine Frau zu Hause schlägt er auch. Dieses Leben aber hat ihn nicht gerettet. Es hat ihn alkoholkrank gemacht und seine inneren Organe zerfetzt. Dass es ihn deswegen womöglich bald nicht mehr geben wird, macht mich traurig, obwohl er ein Nazi ist. Die AfD aber wird sich einfach nur einen neuen Türsteher holen.

Es gibt auch viele andere Weisen, um Ostdeutsche im Singen völkischer Hasslieder auszubilden. Die entsprechenden Texte besingen den Schritt nach vorn in eine glorreiche völkische Vergangenheit. Dabei können sie noch so paradox sein. Was zählt, ist, dass sie populistisch funktionieren. Die AfD sagt den Ostdeutschen, ihr müsst euch eure Rechte erstreiten, und wir, die AfD, sind bereit, diesen Kampf für euch zu führen. Und wir wissen, wie das geht. Und fertig ist der AfD-Schlachtgesang gegen jede Regierung ohne ihre Beteiligung und über Staatsform, «Ethnopluralismus» und Migration, «Regenbogenterror» und Freiheitlichkeit sowie die alte Mär vom «inneren Feind», der heute in Gestalt von Feminist*innen, Homosexuellen und Migranten durchs Land ziehe.

Besonders wirksam ist dabei das bewährte rassistische Prinzip, «Migranten» und «Moslems», als offene Synonyme für alle BIJPoC, als inneren Feind zu inszenieren. Von diesen gehe eine Bedrohung aus, die sich etwa als Terrorismus oder Sexualstraftat äußere. Ökonomisch wird dies als Nassauertum in Szene gesetzt. Mit dem Populismus häufig eigenen paradoxen Einschlag wird etwa behauptet, dass Migrant*innen von Natur aus faul seien und alles (etwa Sozialleistungen) geschenkt bekämen, während sie gleichzeitig «Deutschen» Arbeitsplätze wegnähmen. Beides auf Kosten der Ostdeutschen. Das bisschen Arbeitsmarktchance, Wohlstand oder Anerkennung, welches sich die Ostdeutschen erarbeitet hätten und welches ihnen zustünde, vergäbe die Bundesregierung lieber an Migrant*innen. Das aber würden die Ostdeutschen nicht verdienen. Und zwar, weil sie *weiß* seien. Entsprechend wird propagiert, dass Ostdeutsche ihre eigene Position als Deutschlands «Andere» nur dadurch überwinden könnten, dass der bundesdeutsche Wohlstand und die Zugehörigkeit zu diesem Land BIJPoC verweigert werde – als ob jeder von einem «Migranten» geräumte Platz dann, aber auch erst dann, von einem Ostdeutschen besetzt werden könnte.

Mal abgesehen davon, dass die AfD darüber lügt, wie schwer Wege von Asylsuchenden zwischen Asylbeantragung, Visumsverlängerung und Arbeitssuche sind und wie oft Geflüchtete in Berufe gezwungen werden, die unter ihrer Qualifizierungsstufe liegen, und deutlich weniger Lohn als Menschen mit einem deutschen Pass bekommen: Wenn die AfD behauptet, dass sie Ostdeutsche dadurch beschützen würde, dass sie Geflüchtete verdrängt, bewegt sie sich genau im ewigen Fluss der scheinheiligen Teile-und-Herrsche-Agenda der Diskriminierenden, ohne an einer echten Problemlösung auch nur interessiert zu sein.

Zwar bietet die rassistische Propaganda der AfD Ostdeutschen ein Ventil, um eigene Diskriminierungserfahrungen in Richtung jener abzulassen, die fragil und strukturell ungeschützt sind. Doch am Ende fühlt sich die eigene Diskriminierungserfahrung dadurch doch nicht weniger stark an, und wahre Verbesserungen bleiben aus. Wirtschaftliche Sorgen lassen sich so nicht lösen. Jobs nicht finden. Und das Gefühl, Westdeutschen unterlegen zu sein, lässt sich so auch nicht überschreiben. Ganz im Gegenteil ist ja die ostdeutsche AfD-Affinität eine neue Trumpf-Karte, die westdeutsche Überlegenheitserzählungen speist.

Die AfD als ein ostdeutsches Problem abzutun, bietet Westdeutschland die Möglichkeit, sich im Sinne der tradierten westdeutschen Überlegenheitsnarrative über Ostdeutsche zu erheben und sich dazu auch berechtigt zu fühlen: «AfD? Ja. Die Ossis sind einfach verzwergt und dumm.» Die besonders Engagierten bieten bestenfalls einen gepflegten Gesprächsrahmen dafür an, dass der Osten sich mal in den Griff bekommen müsse und dass dies dann das AfD-Problem gleich mit löse. Doch wenn Westdeutsche die AfD allein dem Osten anlasten oder gar sagen, der Osten wähle die AfD, weil er demokratieunfähig sei, wird das alte westdeutsche Überlegenheitsnarrativ gegenüber Ostdeutschland bedient, das immer auch verschränkt ist mit Klassenhierarchien (um Bildung und Einkommen). Wenn der Westen es sich auf diese Weise bequem macht, in seiner alten Arroganz, etwas Besseres als der Osten zu sein, hat er das Problem schon wieder nicht verstanden, sondern verschlimmert. Denn die westdeutsche Ostdeutschland-Schelte kommt bei Ostdeutschen als Diskriminierung an. Das bietet der AfD ein bequemes Einfallstor. Denn dass Westdeutsche sich im Sessel zurücklehnen und so tun, als hätte die AfD nichts mit ihnen zu tun, stellt die tradierte westdeutsche Arroganz zur Schau, welche viele Ostdeutsche in die Fänge des AfD-Populismus treibt.

Zudem ist der westdeutsche Fingerzeig gen Osten (ich verurteile jetzt mal gründlich die ostdeutsche Schuld für die AfD, und schon stehe ich auf der richtigen Seite) eine oberflächliche und falsche Analyse, welche die eigentlichen Probleme vernebelt und so den Blick darauf verstellt, wessen es eigentlich bedarf, um die AfD zu bekämpfen: Die AfD erhebt sich aus der Tiefe der Geschichte des Rassismus und Sexismus, welche in Ost wie West fest verwurzelt sind. So wie der Nationalsozialismus aus der Breite der Gesellschaft herausgetragen wurde, auch aus ihrer «Mitte», wird die AfD aus der «Mitte der Gesellschaft» heraus unterstützt. Zwar wurde der ostdeutsche Resonanzraum durch den Umgang der SED-Diktatur mit Freiheit und Demokratie, aber eben auch Rassismus und Sexismus, und durch die ostdeutschen Transformationserfahrungen noch mal nuancenhaft anders geprägt als der westdeutsche.

Dennoch gibt es keinen zwangsläufigen Pfad, der von DDR-Prägungen und ostdeutschen Verletzungen zum Kreuzchen bei der blauen Partei führt. So wichtig es einerseits auch ist zu verstehen, warum die AfD es schafft, ebendiese ostdeutschen Verletzungen zu instrumentalisieren und aus ihnen Honig zu saugen bzw. ostdeutsche Erfahrungen in der DDR und den Transformationsjahren den blauen Aufwind katalysatorisch beschleunigen, so falsch ist es andererseits, die AfD als rein ostdeutsche Partei misszuverstehen und ihren Aufstieg zu einem «Die-da-im-Osten-sind-schuld»-Sonderweg zu erklären. Denn obgleich die AfD in Ostdeutschland mehr Wahlstimmen als in Westdeutschland einzusammeln vermag, findet sie nicht nur Zuspruch in den alten Bundesländern, sondern die AfD wird mehrheitlich von Personen aus Westdeutschland gesteuert. Je eher der Westen von seinem hohen Ross herunterkommt, auf dem es angeblich keine AfD-Affinitäten gäbe, desto eher kann damit begonnen werden, den Graben zwischen der AfD und dem restlichen Gesamtdeutschland zu ziehen. Das aber schließt ein anzuerkennen, dass sich viele Ostdeutsche, so wie ich, offen gegen die AfD stellen – und zwar dem Kopfschütteln der Westdeutschen und dem Rechtsruck der «Mitte der Gesellschaft» zum Trotz.

Was macht die «Mitte der Gesellschaft» gegen ihren Rechtsruck?

Im Sommer 2022 wurde ein einjähriges Schwarzes Kind auf der Flaniermeile einer westdeutschen mittelgroßen Stadt von einem Passanten mit dem N-Wort beleidigt. Obwohl das inmitten einer Menschenmenge geschah, griff niemand ein. Der neunjährige Bruder musste dies ganz allein leisten. Die Eltern wandten sich an den Oberbürgermeister (CSU). Er lud zum Gespräch ein. Aus Angst, dass ihr Kind retraumatisiert werden könnte, entschieden sich die Eltern dagegen, selbst hinzugehen. So ging dann stattdessen ich zum Gespräch. Der Bürgermeister drückte sein Bedauern aus, aber auch sein Nicht-Wissen: Dass das N-Wort rassistisch sei, habe er so nicht gewusst. Auch «unsere Stadt» wisse das noch nicht, sagte er. Ich widersprach ihm. Denn der Passant hatte ja in einer gewaltvollen Absicht gehandelt. Er wollte beleidigen und hat dafür gezielt das N-Wort gewählt. Jede anwesende Person hätte das gar nicht anders verstehen können. Und ist es wirklich noch möglich, noch nie davon gehört zu haben, dass das N-Wort rassistisch ist? Das ist ja im besten Fall ein Nicht-Hinhören-Wollen. In jedem Fall macht auch das vermeintliche Nicht-Wissen die Stadt zu einem unsicheren Ort für BIPoC. Denn wer nicht weiß, dass das N-Wort rassistisch ist, wird es weiterverwenden. Deswegen schlug ich dem Bürgermeister vor, sich öffentlich von dem Wort zu distanzieren. Er könne sich etwa auf das Urteil des Neuruppiner Landgerichts (Aktenzeichen 24 Ns 6/09) beziehen, dass das N-Wort als rassistische Beschimpfung einordnete. Und wenn er einmal dabei sei, so könnte er auch noch die Präsenz des M-Wortes in seinem Stadtbild ansprechen. Ich verwies auf die M()hrenapotheke am Marktplatz, die zudem rassistische Masken ins Schaufenster legt. Das empörte den Oberbürgermeister. Seine Empörung aber galt nicht dem M-Wort, sondern der Kritik daran. Die Apotheke könne ja gar nicht mehr in Ruhe arbeiten. Diese Solidarisierung gegen antirassistischen Protest ist nichts Neues. Nachdem der Karnevalsverein seiner Stadt in Bedrängnis geriet, weil er sich 2006, in vermeintlich satirischer Anspielung auf einen rassistischen Übergriff auf einen Schwarzen, «Mohrenwäscher» nannte, entschied die Stadt, dem Verein den städtischen Sozialpreis zu verleihen, der ein besonderes Engagement für Integration und Inklusion würdigen soll.

Willkommen in der «Mitte der Gesellschaft»!

Die «Mitte der Gesellschaft» ist keine objektive Setzung. Es gibt kein objektives Maß für «Mitte». In «Mitte der Gesellschaft» steckt ein Verständnis von Mainstream und Dominanzkultur, das sich als Norm/alität ansieht und als solche glaubt, alles neutral einschätzen zu können. Eine dieser Einschätzungen ist es, dass die Mitte klar gegen Diskriminierung sei, es diese so aber gar nicht mehr gäbe und deswegen auch nichts gegen diese getan werden müsse. Zuweilen wird in diesem Zusammenhang auf die Erfolge der Anti-Diskriminierungsarbeit verwiesen: Es wurde viel erreicht, aber jetzt sei alles ok und es müsse nun auch mal Schluss sein. Dabei kann sehr viel ausgeblendet werden. Nicht aber die Attentate von Rostock-Lichtenhagen und Solingen, der NSU-Terrorismus, die Attentate von Hanau und Halle. Deswegen machen viele bei der Behauptung, dass es gar keine Diskriminierung (mehr) gäbe, auch den Disclaimer, dass es am Rande der Gesellschaft wohl schon noch Diskriminierung gäbe. Etwa in der AfD, in Ostdeutschland. Nach dem Motto: «Die dort, die im Osten, die sind rassistisch, und die AfD, die ist rassistisch. Ich aber, ich bin westdeutsch, und ich bin gegen die AfD, also kann ich ja nicht rassistisch oder sexistisch sein. Und weil ich weder rassistisch noch sexistisch bin, bin ich gegen die AfD.» In dieser tautologischen Dauerschleife wird die AfD als ein Problem der anderen (der Ostdeutschen) erklärt. Diese müssten etwas ändern. «Wo die noch hinmüssen, bin ich schon längst.»

Aus der Behauptung, dass es eigentlich keine Diskriminierung jenseits der AfD gäbe und entsprechend auch nichts mehr zu tun sei, ergibt sich zwangsläufig, dass die «Mitte der Gesellschaft» strukturelle Diskriminierung leugnen muss. Dazu werden verschiedene Geschütze aufgefahren. Ein bewährtes Mittel ist es, diskriminierte Personen für ihre negativen Erfahrungen selbst verantwortlich zu machen. Oder Diskriminierungen als Einzelfälle abzutun oder die Frage in den Raum zu stellen, ob die Betroffenen sich ihre Diskriminierung nicht bloß einbilden würden. Das wird auch *Gaslighting* genannt. Entsprechend wird Diskriminierungskritiker*innen unterstellt, aus einem «hypersensiblen» «moralischen Überschuss» heraus Meinungsmache zu betreiben. Und von da ist es dann gar nicht mehr so weit bis zu Schlagworten von «Woke» bis zum «Regenbogenterror» oder dem Vorwurf, dass Diskriminierungskritik die Gesellschaft spalte. Bayerns alter und neuer Ministerpräsident Markus Söder brachte dieses Argument im Dezember 2023 in seiner Begründung dafür vor, dass seine Regierung (CDU/Freie Wähler) geschlechtergerechte Sprache in Schulen und Behörden verbieten werde.

So wie Söder ernennt sich die selbst erklärte «Mitte der Gesellschaft» zur Norm, wodurch die eigenen Werte zum Maß aller Dinge werden – und die vermeintliche Neutralität zum vermeintlichen Garanten von Stabilität: da die «rechten Populisten», dort die «pc-Gefährder». Das ist es, was die Mitte mit «Kulturkampf» meint. Da sind zwei Lager, die sich bekämpfen, während die Mitte doch nur Frieden wolle. Doch wie friedlich ist das wirklich? Söders Wunsch, geschlechtergerechte Sprache zu verbieten, ist ja nur scheinbar friedlich. Schon allein sich nicht zu Diskriminierung positionieren zu wollen, lässt diese (und eine Partei, die für diese kämpft) in Frieden walten. Doch genau das zwingt andere, Gesicht zu zeigen. Nicht für irgendeine kulturelle Finesse, sondern für die Grundwerte des Grundgesetzes, auf das sich die Mitte zwar beruft, welche sie dann aber doch durch ihre Neutralität verrät, der am Status Quo nicht rütteln will. Denn ob wir das nun wollen oder nicht: so wie die «Mitte der Gesellschaft» gerade Debatten zu «Kulturkampf» führt, fragt sie, ob Diskriminierung überhaupt thematisiert werden soll, um dies zu verneinen.

Damit steht die Neutralität der Mitte für einen Konservatismus, der in den Worten der Islamwissenschaftlerin und Ethnologin Susanne Schröter Folgendes will: «Konservativ heißt für mich, angesichts dieser Zustände einer aus dem Ruder gelaufenen partikularen Einzelinteressenorientierung eine Rückbesinnung auf universelle Werte und individuelle Freiheitsrechte unabhängig von Hautfarbe, Alter, Geschlecht, Religion und anderen sekundären Zuschreibungen.» In ihrem «unabhängig von …» steckt die Aussage, dass Kritik an Rassismus oder anderen Diskriminierungsformen nur eine Minderheit betreffe. Als ich im September 2022 im Rahmen der Weimarer Kontroversen «Geschlechtergerechte Sprache» mit Susanne Schröter darüber diskutierte, nahm sie für sich in Anspruch, Fürsprecherin der überforderten Mehrheit (will sagen: «Mitte der Gesellschaft») und Universalistin zu sein – während sie mich aus dieser «Mitte» hinauswarf. Sie nannte mich eine «neotribalistische Partikularistin», welche die Gesellschaft spalte. Doch ist Spaltung nicht das, worum es Diskriminierung geht und wogegen Diskriminierungskritik sich wendet? Und muss sich nicht der Frieden einer Gesellschaft daran messen lassen, ob es den auch für alle gibt und ob eine Gesellschaft sogenannten Minderheiten sichere Räume zu bieten vermag? Auf das Argument selbst ging Schröter nicht ein. Sie wies es brüsk zurück: «Ich finde das unlauter. Wer Ihre Ideologie nicht frisst, ist Nazi», sagte sie, und bezeichnete mich als «totalitär».

Ich habe den Eindruck, dass solche Angriffe in den letzten Jahren noch schlimmer geworden sind. Es gab eine Zeit, da konnte ich relativ problemlos sagen, dass ich vegan lebe. Heute werde ich daraufhin immer häufiger verbal angegangen, manchmal sogar angeschrien: «Ich lasse mir von dir nicht nehmen, dass ich gern Fleisch esse.» Das allerdings liegt mir fern. Wieso fühlen sich Menschen durch meine Entscheidung angegriffen? Warum fühlen sie sich sogar so stark provoziert, dass sie mir am liebsten vorschreiben möchten, dass ich Fleisch zu essen habe? Dasselbe begegnet mir bei meinem Kampf gegen Rassismus und Sexismus. Warum empört es Menschen, dass ich gegen Diskriminierung eintrete? Auch wenn viele glauben, dass ich mich gegen Rassismus und Sexismus stelle, um mich woke und toll zu fühlen: Diskriminierung zu bekämpfen ist kein Zuckerschlecken. Kämpfe ich gegen eine Diskriminierungsform, die mich selbst verletzt, muss ich den Schmerz zulassen und anschauen. Kämpfe ich gegen eine Diskriminierungsform, in der ich privilegiert bin, muss ich meiner Verantwortung für das Übel der Welt ins Auge sehen. Das schließt of ein, Vertrautes aufzugeben. Das anzuerkennen, macht es erforderlich, die eigene Komfortzone zu verlassen. Auch deswegen fällt es den meisten schwer, über Diskriminierung zu sprechen. Weil sie dann auch über sich sprechen müssten. Das ist ein enorm emotionaler Prozess. Wohl auch deswegen geht es vielen leichter über die Lippen, darüber zu sprechen, selbst durch Diskriminierung geschädigt worden zu sein – statt sich einzugestehen, selbst zu diskriminieren (obwohl doch niemand diskriminiert werden möchte). Wer aber bereit ist, über Diskriminierung (auch die selbst verursachte) zu sprechen, rüttelt immer auch an gegebenen Zuständen und Komfortzonen anderer. Ohne Konflikte, die wertvolle Beziehungsstrukturen zu belasten oder zu zerschneiden vermögen, ist das nicht zu haben. Das erzeugt Unbehagen, für das ich Verständnis habe.

Doch um «des lieben Friedens willen» nichts zu tun, führt bestenfalls nur zu einem Scheinfrieden. Umgekehrt kann Kritik nerven, aber auch Berge versetzen. Deswegen fehlt mir das Verständnis dafür, wenn Personen ihre Komfortzone dadurch verteidigen, dass sie Diskriminierungskritiker*innen persönlich anfeinden. Und genau das erlebe ich immer wieder.

Meine Arbeit wird als ideologisch bewertet und entsprechend sabotiert. Das wird emotional, gereizt und aggressiv getan, wobei mir zugleich fehlende Sachlichkeit vorgeworfen wird. Ich werde auch aufgefordert zu kündigen, weil ich Steuergelder verschwenden würde. Mir wird besorgt angeraten, in die Psychiatrie zu gehen, weil ich nicht mehr «Herr» meiner Sinne sei. Ich werde darauf hingewiesen, dass ich furchtbar dumm sei. Ich werde aufgefordert, mich zu töten oder bedroht, getötet zu werden. Dies ist das Klima, aus dem heraus die Mitte der Gesellschaft nicht nur Diskriminierung als gesamtgesellschaftliches Problem verleugnet und unangetastet lässt, sondern sich zudem mehr über Anti-Diskriminierungsarbeit als über Diskriminierung selbst aufregt.

Das alles nehme ich als Rechtsruck der Gesellschaft wahr, der immer weiter zu eskalieren scheint. Zwar findet dieser seinen stärksten und gefährlichsten Ausdruck in dem steigenden Zuspruch zur AfD. Doch die Mitte der Gesellschaft rückt ebenfalls nach rechts. Das haben Andreas Zick, Beate Küpper und Nico Mokros in ihrem Buch *Die distanzierte Mitte* (2023) auf der Basis empirischer Erhebungen beschrieben. Ich weiß nicht, ob der Rechtsruck der Gesellschaft die AfD hat groß werden lassen oder ob die Wahlerfolge der AfD rechtsextreme Positionen als neue Normalität in bundesdeutsche Parlamente einziehen lassen und dadurch die bundesdeutsche Demokratie und Gesellschaft sowie deren Debatten und Gesprächskultur nach rechts katapultieren. Ich denke, beides läuft Hand in Hand. Das aber stärkt, so oder so, die AfD. Und Diskriminierung im Allgemeinen. Denn jede vermeintlich neutrale Nicht-Positionierung zu Diskriminierung bremst durch das Festhalten am Status Quo Debatten und Transformationsprozesse aus, die eigentlich geleistet werden müssen. Das soll das folgende Beispiel zeigen.

Eva Inés Obergfell, Rektorin der Universität Leipzig, hatte zur feierlichen Immatrikulation der neuen Studierenden ihrer Universität am 11. Oktober 2023 auch AfD-Politiker*innen eingeladen. Dazu sei sie aufgrund «parteipolitischer Neutralität» verpflichtet. Aber macht es nicht einen Unterschied, ob jemand von der SPD geladen ist oder vom rechtsextremen Höcke-Flügel, der vom Verfassungsschutz als gesichert rechtsextremistische Bewegung eingestuft ist? Roland Ulbrich ist einer von ihnen. Das versuchte rechtsextreme Massaker an Juden*Jüdinnen in Halle im Jahr 2019 hatte er als «Sachbeschädigung» bezeichnet und gefragt: «Was ist schlimmer, eine beschädigte Synagogentür oder zwei getötete Deutsche?» Obergfell behauptete zwar, die Hochschulleitung habe neutral ausschließlich anhand von einschlägigen Ämtern eingeladen. Doch nicht mal das stimmt. Denn Roland Ulbrich gehört weder zur Fraktionsspitze, noch ist er Ausschussvorsitzender von irgendetwas. Er ist einfach nur eines von vielen (u.a. 6 AfD-Politiker*innen) Mitgliedern des Ausschusses für Inneres und Sport, nicht mal des Ausschusses für Wissenschaft, Hochschule, Medien, Kultur und Tourismus.

Weil die Leipziger Hochschulleitung es versäumte, eine Brandmauer zur AfD zu errichten, mussten andere dies leisten. Die Vertrauensdozent*innen der Hans-Böckler-Stiftung verlegten ihre Tagung vom Campus in ein Leipziger Hotel, nachdem sie durch Proteste von Studierenden auf diese gefallene Brandmauer aufmerksam wurden. Die von diesen organisierte Demonstration aber wurde angefeindet.

Einer der Passanten sagte mir: «Von wegen Demokratie. Die ist längst gescheitert. Sonst würden ja diese Hippies hier nicht die Ruhe stören und unser Gewandhaus entehren.» Der Leipziger im Rentenalter sah sich also als «Mitte der Gesellschaft» – und er schloss alle, die gegen die AfD demonstrierten, davon aus. Als ich ihm das sagte, schaute er kurz bedächtig. Dann sagte er: «Ich will doch mit den Rechten auch nichts zu tun haben. Das hatte ich ja beides schon, die Braunen und die Roten.»

Letztlich aber nahm auch die AfD für sich in Anspruch, nicht Rechts, sondern Mitte zu sein. Auf der Webseite kommentierte die AfD die Demonstration gegen ihre Präsenz bei der Immatrikulationsfeier wie folgt: «Während der Veranstaltung im Gewandhaus geiferten Linksextremisten auf dem Augustusplatz gegen Vertreter einer demokratisch gewählten Partei, was einen Mangel an Bildung zeigt, sofern eine solche überhaupt bei ihnen vorhanden ist... Überflüssigerweise überließ die Rektorin der Universität einigen Störern kurzzeitig die Bühne.» Der Protest hätte sich einem demokratiefeindlichen «Kampf» gegen ein ominöses «Rechts» verschrieben.

Das also wurde aus Obergfells «parteipolitischer Neutralität». Eine Stadtgesellschaft, die sich streitet, und eine AfD, die daraus als lachende Dritte hervorgeht und sich als Mitte inszeniert, aus der eine friedliche Demonstration gegen sie ausgelagert gehöre. Am Ende also war das, was Obergfell als fehlende politische Einmischung ansah, genau das. Eine politische Entscheidung, die zur Stärkung der AfD führte.

Angesichts der Tatsache, dass Rassismus innerhalb der EU in Deutschland am massivsten ausgeprägt ist, wobei dies sogar eine seit fünf Jahre steigende Tendenz ist, kann für mich «Mitte der Gesellschaft» nicht heißen, sich im Sinne von «Neutralität» herauszuhalten. Schon gar nicht verdient die «Mitte der Gesellschaft» diese Position, wenn sie sich nicht gegen Rechts abgrenzt. Warum sollte es «typisch» für die «Mitte der Gesellschaft» sein, rassistische Worte zu beschützen oder sich lauter über den Genderstern als über Sexismus aufzuregen? Der von Söder viel zitierte «gesunde Menschenverstand» gebietet es ihm, den Genderstern zu verbieten, und ein Ingolstädter Wirt dachte sich 1992, dass er als «Mitte» jetzt dem linken Terror mal damit einen Strich durch die Rechnung machen müsse, dass er sein Café kurzerhand in «Cafe M()renkopf» umbenennt. Wer Interventionen gegen Diskriminierung bekämpft und diesen «Cancel Culture», Moralismus oder Partikularismus vorwirft, leistet nicht das, was die Mitte ausmachen muss: klare Abgrenzung zur AfD sowie von deren Inhalten und Parolen.

Das soll auf keinen Fall heißen, dass alle ab morgen den Genderstern benutzen sollen. Denn natürlich müssen Kontroversen zu Fragen von Geschlechtergerechtigkeit oder Rassismuskritik offen und plural geführt werden. Aus meiner Sicht müssen freiheitliche Gesellschaften aber auch kritische Stimmen aushalten, die Alltagsrassismus und Sexismus anprangern, auch wenn sie sich nicht mit der eigenen Überzeugung decken. Denn Diskriminierungsfreiheit darf kein Schreckgespenst der «Freien Welt» sein, sondern muss deren Elixier werden.

Deswegen wäre schon mal viel gewonnen, wenn sich alle weniger aufregen. Ich schließe mich da unbedingt mit ein. Ich will das ja auch gar nicht. Mich aufregen. Mich empören. Denn ich weiß, dass dies meinem Anliegen, Diskriminierung zu schwächen, schadet. Ich möchte vermeiden, dass meine Argumente einfach vom Tisch gefegt werden, weil ich zu emotional bin, was für viele meist gleichbedeutend ist mit unsachlich, unwissend und unbedingt nicht ernst zu nehmen. Ideologisch eben. Deswegen wünsche ich, dass es mehr Raum dafür gibt, Diskriminierung in gebotener Ruhe in den Weg zu treten.

Es ist kurz vor 12 und höchste Zeit, sich den Zielen der AfD so umfassend wie möglich zu widersetzen. Wer mit Nazis nichts zu tun haben möchte, muss das auch deutlich machen. Unmissverständlich. Das schließt ein, nicht auf jene zu schießen, welche Anti-Diskriminierungsarbeit leisten. Denn umgekehrt feuert jede Häme gegen Anti-Diskriminierungsarbeit die AfD-Propaganda an und liefert ihrer rassistischen und sexistischen Hetze Steilvorlagen, weil Populismus gut darin ist, jede Skandalisierung von Kritik an Diskriminierung so zu drehen, dass diese ihm Wind in die Segel pustet. Es gibt nur das Entweder-Oder. Entweder der AfD eine breite Schulter zum Anlehnen bieten oder ihr die kalte Schulter zeigen, was ohne sichtbare Distanz nicht geht. Die Zeit für entspanntes Beiseitestehen ist vorbei. Wir brauchen eine breite Front, um für Demokratie und Freiheit einzustehen.

Ich bin davon überzeugt, dass die anstehenden Wahlen nicht nur von (potenziellen) AfD-Wähler*innen entschieden werden. Entscheidend wird sein, wie sich die «Mitte der Gesellschaft» verhält. Dabei geht es um die Gretchenfrage: Stimmenfang am rechten Rand oder Brandmauern – Brücken oder Gräben, Neutralität oder Einmischung? Deswegen kämpfe ich vor allem darum, dass die «Mitte der Gesellschaft» sich von ihrem Rechtsruck befreit, der Normalisierung der AfD Brandmauern in den Weg stellt und sich aktiv in die Schwächung statt Stärkung von AfD-Positionen und Diskriminierung einbringt.

5. Schluss damit ...

... und mehr Diskriminierungssensibilität wagen

Wir leben in einer Zeit, in der Antidiskriminierungsarbeit Früchte trägt. Das zeigt, dass Wandel möglich ist. Doch er muss sich verstetigen. Wird mir gesagt, dies oder das sei diskriminierend, so kann ich das wegwatschen. Oder aber ich schaue näher hin, um es verstehen zu wollen. Sobald mir das gelingt, geht es mir in der Regel so, dass ich fassungslos auf mich selbst schaue. Ich bekomme Gänsehaut und schlage die Hände vor die Augen. Und dann? Lieber doch wegsehen? Lieber doch nicht wissen wollen? Oder aber mir eingestehen: «Oh nein. Das habe ich gar nicht gewusst!» Das tut kurz weh. Denn es ist mir peinlich. Vielleicht vor der Person, die mich darauf hingewiesen hat. Und vor mir selbst. Und dann kann ich mich entscheiden, es wissen zu wollen. Jedes Mal, wenn ich einen neuen Mosaikstein von Diskriminierung begreife und bei mir erkenne, frage ich mich, warum ich das früher so gemacht und nicht eher erkannt und geändert habe. Das beschämt mich oder löst auch Schuldgefühle aus. Eine Person etwa, die schon immer von sich behauptet hat, nicht rassistisch zu sein, erschrickt natürlich, wenn gesagt wird: «Das Wort, das du da benutzt, das ist rassistisch.» Wenn diese Person dieses Wort ein Leben lang benutzt hat, dann bedeutet das Urteil, dass dieses Wort rassistisch sei, dass die Person bislang ein rassistisches Wort benutzt hat. Das aber passt überhaupt nicht zum eigenen Selbstbild. Ich weiß, wie schwer es mir fiel und fällt, mich der Tatsache zu stellen, dass ich Teil von Diskriminierungsstrukturen bin. Dennoch versuche ich, mich für «das nächste

Mal» zu wappnen. Ich erkenne das eine oder das andere und versuche dann, die Zusammenhänge zu sehen, um auch die nächste Diskriminierungsmine zu erkennen oder gar zu antizipieren. Reflektiere ich, was ich tue, lerne ich, darüber zu sprechen. Ich spreche darüber. Ich spreche auch andere an – am Küchentisch, in der Familie, bei der Arbeit. Wird eine solche Reflexion und Bestandsaufnahme gar institutionell geleistet, dann wird das *Monitoring* genannt. Dieses schärft Wahrnehmungen und Wissen, welche ohne das Verlernen von Vertrautem nicht zu haben sind. Genau das aber erzeugt *Awareness*. Allein schon durch das Sehen und Ansprechen von Diskriminierung ist der Lauf der Welt geändert. Vielleicht ändert sich nicht sofort was, jedenfalls nicht sichtbar. Aber wenn ich zu sehen vermag, wie Diskriminierung mich und mein Umfeld prägt, wenn ich das wirklich sehe, werde ich automatisch schon jemand anderes – und das verändert auch mein Umfeld. Das klingt natürlich leichter, als es ist. Und funktioniert am Ende umso besser, je kompetenzbasierter und breiter aufgestellt diese Prozesse geleistet werden können. Solche Kompetenzen sind erlernbar.

Zum zu erlernenden kleinen Einmaleins gehört es, Diskriminierung als systemisch zu verstehen. Aus der Tiefe der Geschichte heraus haben sich Machtstrukturen etabliert, die bis heute wirksam sind. In allen Poren der Gesellschaft. Und mit Auswirkung auf die Sozialisierung jedes einzelnen Menschen. Die einen profitieren davon, sind privilegiert. Die anderen bleiben daraus ausgeschlossen, werden diskriminiert. Das passiert völlig losgelöst davon, ob Einzelne das (sehen) wollen oder nicht. Und obgleich es einzelne Menschen sind, die dies so erfahren, geht es nicht um Einzelfälle. Denn diese wiederholen sich, weil es sich um strukturelle Diskriminierung handelt, die sich alltäglich in allen Lebensbereichen manifestiert. Diesem Ansatz geht es nicht darum, auf einzelne Personen mit dem «Du-bist-schuldig-rassistisch-zu-sein-Finger» zu zeigen, sondern darum, Diskriminierung als Macht- und Gewaltsystem, als strukturelle Diskriminierung eben, ernst zu nehmen.

Weil Diskriminierung systemisch bedingt ist, muss sie auch system(at)isch bekämpft werden. Das bedeutet einerseits, dass Transformationen nicht ohne strukturelle und institutionelle Änderungen realisiert werden können. Institutionen oder Strukturen aber sind andererseits keine Bots. Sie werden von Menschen gestaltet. Zwar begrenzen Strukturen wie Gesetze oder Institutionen wie Schulen die Handlungsräume, die Individuen haben. Und doch kann jede einzelne Person den eigenen Handlungsraum nutzen, um Transformationen einzufordern, anzustoßen oder zu gestalten. *Empowerment* ist ein wichtiges Instrumentarium, das für diskriminierte Personen Widerstandskraft und sicherere Räume erwirken kann. *Solidarität*, gerade von jenen, die Privilegien dafür einsetzen können, im eigenen Umfeld etwas zu ändern, macht ebenso einen Unterschied. «Jede*r bleibe bei seinen Leisten» meint dann eben auch: Jede*r kehre vor der eigenen Tür, und zwar gründlich und nachhaltig. Wer das macht, kann dazu beitragen, künftige Welten und die Lebensqualität vieler zu verbessern. Und je mehr das tun, umso weniger hilflos und umso aussichtsreicher wird das. Nicht jede*r muss in die Arena. Es reicht schon aus, den Kampf anderer nicht zu entwerten oder zu behindern. Deswegen: Raus aus der Komfortzone, rein in die Debatte. Raus aus der Empörung, rein ins Zuhören. Das schulden wir unserer Geschichte. Das braucht unsere Gegenwart. Und das ist es, was nach Zukunft klingt.

Letztlich ist es daher ebenso politisch, Diskriminierung zu bekämpfen, wie das sein zu lassen. Es ist an der Zeit, den Schalter von der Ob- zur Wie-Frage umzulegen: Wie können wir über Diskriminierung so sprechen, dass es noch mehr Problembewusstsein gibt? Wie können Argumente achtsam und diskriminierungssensibel offengelegt und diskutiert werden, um Transformationen noch konsequenter zu erwirken? Wie sieht Freiheit für alle im 21. Jahrhundert aus? Wie kann Diversität gelebt werden, in Deutschland und global? Wie können Polarisierungen aus der Eskalation ins wechselseitige Zuhören geführt werden? Wie können wir uns als Gemeinschaft zusammenfinden, um einen unverkennbar tiefen Graben zu Rechtsextremismus und Faschismus zu bauen? Ich bin fest davon überzeugt, dass dies ohne kritische Debatten über Diskriminierung nicht zu haben ist: über Rassismus und über Sexismus ebenso wie über deutsch-deutsche Schieflagen, die Ostdeutsche diskriminieren. Wie kann die DDR-Geschichte aufgearbeitet werden, ohne individuelle Biografien zu entwerten? Wie kann ein Monitoring der strukturellen Diskriminierung der Transformationsjahre aussehen, wie kann daraus Awareness und Empowerment abgeleitet werden, und welche Transformationen gegen die Transformationsjahre ergeben sich daraus? Und was heißt das ganz konkret jetzt, im Kampf gegen die AfD?

Ich denke, ein Abschied von westdeutschen Erzählungen, dass sie mit der AfD nichts zu tun hätten, ist so was von überfällig. Denn es ist nicht nur falsch, die AfD als ein rein ostdeutsches Problem abzutun. Zudem bedient es genau das westdeutsche Ostdeutsch-Bashing, in dem die AfD pudelwohl paddelt.

Die deutsch-deutsche Annäherung muss auch von Westdeutschen geleistet werden. Privilegien machen dies ebenso leicht wie erforderlich. Reflektiert doch mal euer Selbstverständnis und den Blick auf Ostdeutsche, den ihr daraus ableitet! Erzählt doch mal eure Geschichten, kritisch! In der Freiheit über die Diktatur abzulästern, ist einfach. Doch seid ihr euch sicher, dass ihr in der DDR widerständig gelebt hättet? Was habt ihr getan, um Widerstand in der DDR zu stärken? Und wenn ihr nichts getan habt, warum nicht? Dann stehen wir am Anfang einer Diskussion, in der auch ostdeutsche Identitäten mehr Raum bekommen, sich selbst zu finden.

Ich bin Ostdeutsche und ich werde darum kämpfen, mir mein Ostdeutschsein zurückzuholen. Meine ostdeutsche Identität soll Raum haben für Individualität mit Ecken und Kanten, für Schmerz, Scham und Trauer – aber auch für Hoffnung, Stolz und Zukunft. Ostdeutschsein wird dabei für mich auch untrennbar an die Frage gebunden sein, wer ich sein möchte – als Deutsche, als Europäerin, als Mieterin dieses Planeten. Ich möchte diesen heiler, gerechter und sicherer für alle an die nächsten Generationen weitergeben. Deswegen ist es Teil meiner ostdeutschen Identität, mich Rassismus und Sexismus aus einer intersektionellen Perspektive in den Weg zu stellen. Gerechtigkeit und Freiheit haben Kratzer. Aber das, was da ist, kann von einem relativ hohen Niveau aus weiter gestaltet werden. Wer Freiheit und Gerechtigkeit ernst nimmt, kommt nicht umhin, für sie zu kämpfen, statt sie als gegeben hinzunehmen – etwa weil sie für die eigenen Bedürfnisse derart ausreicht, dass sie nicht mal mehr wahrgenommen wird. Gerechtigkeit meint für mich nicht einfach nur, wie groß das Stück ist, dass ich von der großen Torte bekomme. Gerechtigkeit betrifft auch die Frage, ob ich bereit bin, von meinem Stück Torte etwas abzugeben. Und Freiheit bedeutet für mich, für die Freiheit aller einzutreten. Wenn Gerechtigkeit und Freiheit unantastbar sein sollen, dann müssen sie auch unteilbar sein.

Statt eines Nachworts: Ohne die AfD am Küchentisch, aber mit der Box, die noch mal ganz neu befüllt werden kann

«Sag mal, Susan», sagt Udo, als ich ihn ein Jahr später am gleichen Küchentisch treffe, an dem dieses Buch seinen Anfang nahm. «Ich habe dein Buch gelesen. Da stehe ich ja ziemlich blöd da. Aber mal abgesehen davon: Verstanden habe ich nicht wirklich, was du willst. ‹Nein zur AfD heißt Ja zu kritischen Debatten über Diskriminierung.› Klingt so'n bisschen oberschlau, oder? Ich verstehe das nicht.» Hätte auch für mich besser laufen können, denke ich. Aber ich verstehe auch, was Udo meint. Jedenfalls in etwa: «Kannst du das genauer sagen, bitte? Also, was genau verstehst du nicht?» Udo nickt: «Schwer zu sagen. Ich würde jetzt nicht behaupten, dass es gar keine Diskriminierung gäbe. Aber ich finde es auch nicht so dramatisch wie du. Wir leben in einem der besten Länder der Welt. Wenn man dich so hört, denkt man, hier liegen überall Leichen in den Straßen. Homophobie und Transfeindlichkeit, Lebenssituation von Frauen. Alles besser als in den meisten anderen Ländern.» Ich nicke. «Trotzdem werden zehnjährige Transkinder gefragt, wie sie ‹da unten› aussehen und wie sie denn Sex hätten. Und selbst wenn nur wenige ‹Absaufen! Absaufen!› rufen. Die meisten wollen die Festung Europa!» Udo wirkt genervt auf mich: «Und was soll das jetzt schon wieder sagen? Alle blöd, nur du nicht?» Ja, Udo hat recht. Diese Stimmung bringt nichts: «Ich glaube, als Erstes müssen wir überhaupt mal verstehen, was los ist. Genau. In unserem Leben gibt es so viel mehr als Diskriminierung, und dennoch ist Diskriminierung Teil unseres Alltags. Manche finden das nicht nur gut, andere wählen deswegen die AfD. Die meisten aber sind irgendwo dazwischen.» Udo unterbricht mich: «Ja, und was sagst du diesen Udos?» Ich lache: «Na, wie kann jemand, der Diskriminierung nicht sieht, sicher sein, dass es diese gar nicht gibt? Wer die Box nicht öffnet, weiß nicht, was drin ist. Schrödingers Katze eben.» Udo fragt: «Und, was ist los in der Box? Wie finden wir das raus?» Genau, denke ich. Darüber würde ich gerne reden: «Was ist Diskriminierung für dich?» Udo sagt: «Wenn jemand jemanden beleidigt oder wenn jemand jemanden schlägt oder so. Nazis eben.» Ich schaue wie ein Fragezeichen. Udo stöhnt: «Ich weiß, du willst jetzt wieder von der Spitze des Eisberges reden und das Wörtchen Macht hören; und dass Macht Diskriminierung zu einer strukturellen Sache macht. Aber wie hilft uns das weiter?» Guter Punkt, finde ich: «Es hilft uns zu verstehen, dass wir es uns viel zu leicht machen, wenn wir einen ‹Schule ohne Rassismus›-Sticker auf unsere Tasche kleben. Denn dann hören wir auf, unter die Spitze des Eisberges zu schauen.» Udo stellt sich hin und hebt den schweren Karton hoch, der auf dem Küchentisch steht: «Ach, ich soll dir beim Wegtragen helfen. Gerne doch.» Wir lachen. «Nur wenn du es magst.» Udo stellt den Karton wieder hin. «Mir reicht, was ich jetzt schon auf meinen Schultern zu tragen habe.» Damit kann ich was anfangen. Jetzt wende ich mich dem Karton zu. Ich klappe den Deckel hoch und sehe, was drin ist. Kartoffeln. Ich nehme eine, die matschig ist und super doll stinkt. Ich lege sie zur Seite. Als ich zur Kiste zurückgehe, entdecke ich noch eine Kartoffel, die nicht mehr so recht genießbar ist. Udo sagt: «Ach, das hat hier so gestunken.» Die anderen Kartoffeln lege ich ins Regal. Dann falte ich den Karton zusammen und will ihn so in die Ecke stellen. Udo hat mein Werkeln interessiert beobachtet. Deswegen steht er jetzt noch immer zwischen mir und der Ecke. Also im Weg. Statt einen Bogen zu machen, um an ihm vorbeizukommen, bleibe ich stehen. Udo sagt amüsiert: «Also, du willst, dass ich dir nicht im Weg stehe, dich machen lasse?» Ich nicke. «Das reicht mir.» Udo glaubt mir nicht: «Und dann darf ich Koeppen lesen?» Da hat er mich eiskalt erwischt. Aber zum Glück fällt mir die miese Strategie ein, eine Frage mit einer Gegenfrage zu beantworten: «Warum willst du ihn denn lesen?» Udo setzt sich wieder hin: «Weil ich es kann. Weil ich mir von dir nicht vorschreiben lassen will, was ich lese. Weil ich noch immer nicht verstanden habe, was Koeppen mit der AfD zu tun hat.» Das zu beantworten, fällt mir wieder leichter, und ich setze mich auch: «Erstens steht das Buch für genau den Rassismus und Sexismus, den die AfD wieder noch größer machen will. Und zweitens geht es eher darum, dass du dich letztes Jahr darüber empört hast, dass sich die Lehrerin Jasmin Blunt weigert, es zu unterrichten. Dein Ärger darüber aber beflügelt den Kampf der AfD gegen Rassismuskritik an ihnen und im Allgemeinen.» Da sind wir wieder beim: Du musst den Karton nicht ausmisten, aber stehe mir doch nicht im Weg rum, wenn ich das tue. Das sage ich und schlage vor. «Denken wir uns mal Koeppens Buch *Tauben im Gras* als Kartonbox. Magst du die jetzt aufmachen?» Udo sagt: «Meinetwegen. Ich habe es ja mittlerweile gelesen. Ist wirklich ganz schön gruselig, wie da auch über Frauen gesprochen wird. Muss meine Tochter nicht wirklich lesen. Und nun? Wie eine faule Kartoffel aussortieren, klingt aber ganz schön nach Bücherverbrennung.» Das sehe ich genauso: «Ja, ums Verbrennen geht es natürlich nicht, darf es auch nicht gehen. Vielleicht aber können wir es aus dem Kanon der Abipflichtlektüre nehmen. In Buchläden oder Bibliotheken ist Koeppen dann ja ohnehin weiter erhältlich. Wobei ich da noch einen Unterschied sehe. Buchläden ticken kommerziell. Bibliotheken aber sind ja meist Teil der Kommunen und werden aus Steuergeldern der ganzen Gesellschaft finanziert. Also sollten sie auch gut für alle sein.» Udo unterbricht mich: «Na ja, für mich sind sie vor allem Orte der Begegnung – der Begegnung mit Menschen und ihren Literaturgeschichten.» Genau, denke ich: «Genau das macht sie aber auch zu Archiven der Geschichte von Rassismus oder Sexismus in der Literatur und Gesellschaft. Insofern Literatur immer über menschliche Begegnungen erzählt, die in gesellschaftlichen Kontexten stattfinden, verhält sie sich zu Wertvorstellungen ihrer Zeit. Das kann sie gezielt machen; oder aber eher indirekt. Charles Dickens etwa schreibt, um die viktorianische Armut kritisch zu reflektieren. Über Geschlechterverhältnisse will er zwar nicht schreiben; und doch postiert er seine Charaktere mitten in viktorianische Geschlechterrollen. Weil er diese, anders als die Brontë-Sisters, nicht kritisch reflektiert, reproduziert er genau jene patriarchalische Weltsichten, welche die Brontës herausfordern. Andere Romane wie etwa Defoes *Robinson Crusoe* werden verfasst, um Kolonialismus und Sklaverei zu befeuern, und greifen dabei rassentheoretische Aussagen auf. Wie aber gehen wir mit diesem Erbe um?» Udo sagt: «Ganz genau. Sag's mir. Wohin mit den faulen Kartoffeln?» Ich kenne die Lösung nicht, habe aber eine Idee: «Natürlich müssen diese Bücher weiter zugänglich bleiben. Das macht eine freie Gesellschaft aus. Aber ich finde nicht, dass menschenverachtende und diskriminierende Inhalte ungestört aus Bibliotheks-Regalen sprechen sollten. Denn Bibliotheken sollten sicherer werden, für alle.» Udo nickt. «Ja, aber wie willst du das umsetzen?» Ich versuche, das Problem am Beispiel von Daniel Defoes *Robinson Crusoe* zu fassen zu bekommen. «Bis heute ist *Robinson Crusoe* einer der erfolgreichsten Romane aller Zeiten. In deutschen Buchläden liegen zahlreiche Exemplare herum. Es gibt wohl kaum eine Bibliothek, in der das Buch fehlt. Dabei handelt es sich sogar oft um gekürzte Varianten, die erst mit der Begegnung zwischen Robinson und Friday einsetzen. Viele der Editionen, gerade für Kinder und Jugendliche, sind dabei umgeschrieben worden, um den Text dem heutigen Lesegeschmack anzupassen, um ihn ‹spannender› zu machen.» Doch Crusoe ist Kolonialist und Versklaver, und der ganze Roman wird nur aus seiner Perspektive, aus seiner Logik erzählt, die da lautet: «Wie kolonisiere ich möglichst profitabel». Das Original ist übrigens eher ein ellenlanges langweiliges Handbuch «Wie überlebe ich auf einer Insel und baue dort eine Kolonie, um reich zu werden» als wirklich spannend. Udo findet das wiederum spannend. «Na und? Ist doch wichtig zu verstehen, wie die Leute damals tickten.» Ich stimme zu, finde aber auch, dass dies zu einseitig ist. «Erstens gab es auch zu der Zeit Leute, die das anders sahen. Shakespeare etwa war ein Kritiker des Kolonialismus, Defoes Zeitgenosse Jonathan Swift auch. Und eins sag ich dir, die Versklavten und Kolonisierten waren definitiv anderer Meinung. Deswegen haben sie ja auch von Anfang an Widerstand geleistet. Und zweitens dürfen wir nicht unterschätzen, was Crusoes Verherrlichung von Kolonialismus und Sklaverei und die betreffende rassistische Darstellung mit Menschen macht, die es heute lesen. Schwarze werden einfach auf halbnackte Kannibalen reduziert, die froh sind, versklavt zu werden. Das ist eine kolonialistische Strategie, die dazu dient, ihnen das Recht abzusprechen, legitime Ansprüche auf Land und Leben zu besitzen. Das kann doch nicht mehr einfach so stehengelassen werden.» Udos Antwort ist glasklar: «*Robinson Crusoe* zu verbieten oder zu zensieren, ist weder möglich noch richtig.» Ich stimme ihm zu: «Ja. Denn es ist ein Dokument, das erzählt, wie Europa Afrika sah und wie Europa Sklaverei und koloniale Gewalt bewertete. Es gab da auf europäischer Seite wenig Scham oder schlechtes Gewissen. Nur rassistischen Überlegenheitsdünkel. Das ist Teil unserer Geschichte und sollte nicht in Vergessenheit gerate. Doch wie sollten wir diese Erinnerung gestalten? Einfach in die Regale stellen und lesen lassen? Einfach in der Box lassen?» Udo zuckt mit den Schultern, und ich fahre fort: «Siehst du, jetzt haben wir über dieses Buch reflektiert; also wir haben darüber gesprochen, was *Robinson Crusoe* zu einem rassistischen Roman macht und was er mit uns machen kann. Das ist schon Intervention, diese aber kann auch tiefgehender gestaltet werden.» Udo fragt, wie ich das meine. Was ich mir unter Intervention vorstelle, wäre Folgendes: «Warum nicht das Modell benutzen, das längst für Filme und teilweise auch Mangas eingeführt ist? Es gibt warnende Schlüsselwörter, die darauf verweisen, dass in dem Film oder Manga Gewalt vorkommt oder Drogenmissbrauch. *Robinson Crusoe* könnte mit Kommentaren und Trigger-Warnungen versehen werden, so wie etwa: ‹Das Buch reproduziert Rassismus, verherrlicht Sklaverei. Auch verwendet es rassistische Wörter und

Beschreibungen von Schwarzen.› Zudem könnten Bibliotheken kurze historische Einordnungen der Bücher anbieten, die bei Bedarf über einen QR-Code abgegriffen werden können. Da könnte etwa stehen: ‹Dies ist eine stark verkürzte und komplett neu geschriebene Version von Defoes *Robinson Crusoe*. Eigentlich ist das gar kein Abenteueroman, sondern ein Roman, der Europa erklären möchte, dass Kolonialismus ein gewinnbringendes Geschäft ist und wie es noch profitabler gestaltet werden kann.›» Das ist aber krass viel Neues, findet Udo: «Wer hat denn dafür Kapazitäten?» Ich finde, dass wir in diese investieren müssen, und ergänze: «Etwas größer angelegt, könnte die Bundeszentrale für politische Bildung eine App entwickeln, in der die Evergreens der Literaturgeschichte historisch eingeordnet werden und dabei auch erklären, dass und inwiefern hier rassistische oder sexistische Weltbilder vermittelt werden. Komplementär dazu steht es Verlagen frei, eigene Vor- oder Nachwörter in neue Auflagen aufzunehmen.» Udo nickt: «Also, du willst, dass Expertisen eingeholt werden, die einen literarischen Text diskriminierungssensibel lesen und herausarbeiten, ob und wie hier diskriminierende Weltbilder reproduziert werden. Das soll dann in für alle zugängliche Texte übersetzt und in die Gesellschaft hinein kommuniziert werden.» Ich nicke: «Schon allein dadurch wird die unkritische Präsenz von diskriminierenden Büchern auf Regalen gebrochen. Deswegen ist das bereits eine Intervention in bisherige Verharmlosungen und Reproduktionen von Diskriminierung. Diese trainiert eine kritische Sehfähigkeit, die auch auf andere Texte angewendet und kommuniziert werden kann, wodurch weitere Interventionen entstehen. Dabei geht es um nichts Geringeres, als gesellschaftliche Räume für alle sicherer zu machen. Und ein bisschen mehr Repräsentationsgerechtigkeit kann auch nicht schaden.» Jetzt seufzt Udo auf. «Bitte, nicht schon wieder.» Ich kann es aber nicht lassen: «Die meisten Bücher in deutschen Bibliotheken wurden von *weißen* Männern geschrieben. Diese wiederum stellen männliche Protagonisten ins Zentrum. Menschen anderer Geschlechter bleiben also unterrepräsentiert – als Protagonist*innen und als Autor*innen. Natürlich sollen bestehende Bestände nicht aus dem Haus geworfen werden. Umgeschrieben werden können sie auch nicht. Was aber geleistet werden kann und muss, ist, diese bestehenden Bestände systematisch um Bücher zu erweitern, in denen Geschichten von Protagonist*innen aller Geschlechter erzählt werden; von Autor*innen aller Weltregionen. Das vergrößert Horizonte und Perspektiven, welche sich auf Analyseprozesse und die Kompetenz auswirken, über (fehlende) Diversität zu sprechen und diese intervenierend zu erweitern. Repräsentiert im Sinne von anwesend zu sein, ist es ein wichtiger Schritt in Richtung von Empowerment diskriminierter Personengruppen.» Udo ist ausgestiegen: «Dieses Unboxen war jetzt mehr, als ich bereit bin mitzutragen. Genau damit machst du die AfD immer größer. Du bist maßlos, willst alles auf einmal und viel zu schnell. Wenn du schon mir auf die Nerven gehst, wie geht es dann denen, die nun wirklich ganz und gar nicht anerkennen, dass es Diskriminierung gibt. Die verlierst du, weil du die Gesellschaft zerreißt, und damit produzierst du einfach nur neue Wähler für die AfD. Gut gemacht, Susan!» Das empört mich: «Diskriminierung entzweit Gesellschaft und nicht, dass ich das anspreche oder ändern will.» Udo sieht das anders: «Du machst die Leute wütend, und das kann nicht in deinem Sinne sein. Denn dadurch wird alles ja nur noch schlimmer. Und damit schadest du dir ja selbst! Je mehr Ostdeutsche die AfD wählen, umso mehr schadest du eurem Ruf.» Unserem Ruf? «Ja, und an dem ist ja auch viel dran. Die meisten von euch sympathisieren mit der AfD. Wollen den harten Staat. Und wenn du die Leute noch wütender machst, erhöhst du nur noch Zustimmung und Wählerstimmen.» Das hat er jetzt nicht gesagt: «Glaubst du wirklich, dass dein Bräsigtum der offenen Gesellschaft und der Gerechtigkeit hierzulande besser tut als meine Anti-Diskriminierungsarbeit?» Udo nickt. «Ich finde, du solltest dich erst mal um deine eigenen Leute kümmern, bevor du dich hier so aufspielst. Ich habe einfach keine Lust mehr, euch Ossis Demokratie zu erklären. Das müsst ihr schon selber leisten.» Ich sage nichts mehr. Auch Schweigen ist Protest. Da wird Udo versöhnlicher: «Am besten wäre ein bedingungsloses Grundeinkommen, und dann sind die Ossis zufrieden. Wie sagt euer Brecht? Erst kommt das Fressen, dann die Moral.» Als ob, denke ich, schnappe aus und sage: «Die AfD beruht weder auf einem Ost- noch auf einem Armutsproblem. Als ob die AfD nicht auch von reichen Intellektuellen, von Handwerkern oder aus dem wohlsituierten Mittelstand heraus unterstützt, gewählt, getragen wird. Ein bedingungsloses Grundeinkommen wäre eine ausgezeichnete und überfällige Sache, aber es ist definitiv kein Allheilmittel gegen die AfD.» Udo seufzt: «Ich sehe einfach nicht, dass du hier in der Position bist, mich zu belehren. Als ob ich der Nazi bin. Ihr habt das Problem, nicht wir.» Udo steht auf, und ich frage: «Weil ich Ostdeutsche bin?» Udo nickt. Ihm reicht es. Mir aber auch. «Da musst du dich jetzt entscheiden. Bin ich jetzt Nazi, weil ich Ostdeutsche bin; oder gehe ich dir auf die Nerven, weil du glaubst, ich sehe in dir Nazitum?» Udo nickt: «Beides: Zum einen bist du eine ostdeutsche Ausnahme, und zum anderen schießt du über das Ziel hinaus.» Gezielt und vorbeigeschossen, würde ich sagen. «Die AfD wird auch in deinem Westen gewählt. Und deine Diskriminierung Ostdeutscher, die ist es, die braunes Wasser auf die Mühlen der AfD leitet. Gemeinsame Gräben statt einseitige Schuldzuweisungen, das ist das Einzige, was gegen die blaue Flut hilft.» Udo sagt versöhnlicher: «Jetzt sag mir doch mal, Susan, wie das alles nutzen soll, die AfD einzudämmen? Da geht es doch eigentlich um ganz andere Fragen: um die Zuwanderung, um die Wirtschaftslage, um die Energiepreise ...» Das ist zu bequem, denke ich: «Also, erstens: Wenn du den Rassismus in Defoes *Robinson Crusoe* oder Koeppens *Tauben im Glas* sehen kannst, dann kannst du Rassismus insgesamt schon wieder ein Stück besser erkennen. Dann fällt er dir auch eher auf, wenn die AfD ihn ausposaunt und vor allem wenn er bei denen auftaucht, welche die AfD nicht mögen und trotzdem fast so reden wie die. So wie bei den beiden Kartoffeln vorhin. Erst habe ich die eine entdeckt, und das hat mir geholfen, die zweite zu sehen.» Udo nickt: «Und zweitens?» Zweitens ist mir super wichtig: «Wenn du dich über meine Kritik an den Romanen empörst, dann schwächst du mich und lieferst dem AfD-Populismus Steilvorlagen. Denn Diskriminierung ist das Lebenselixier der AfD. Wenn du mich machen und die Kritik zulässt, dann kann der AfD-Populismus weniger an der «Mitte» andocken.» Udo holt jetzt den zusammengefalteten Karton aus der Ecke. Ich verstehe überhaupt nicht, worauf er jetzt schon wieder hinauswill. Er faltet ihn auseinander und baut ihn zu einer Kiste zusammen, die er wieder auf den Tisch stellt: «Lass uns mal schauen, was wir da zusammen hineinlegen können. Ich glaube, es gibt mehr, was wir beide da drin gut finden würden, als wir jetzt gerade denken.» Ich nicke. «Vielleicht finden wir ja auch für die muffelnden Kartoffeln noch den richtigen Platz. Am Ende liegt es an uns, wer wir sein werden.»